그런데요, 생태계가 뭐예요?

그런데요, 생태계가 뭐예요?

초판 1쇄 2004년 2월 15일 | **초판 35쇄** 2023년 12월 1일

글 김성화·권수진 | **그림** 조위라

편집 이세은 | **마케팅** 강백산·강지연 | **디자인** 곰곰디자인·조희정

펴낸이 이재일

펴낸곳 토토북 04034 서울시 마포구 양화로11길 18, 3층(서교동, 원오빌딩)

전화 02-332-6255 | **팩스** 02-6919-2854

홈페이지 www.totobook.com | **전자우편** totobooks@hanmail.net

출판등록 2002년 5월 30일 제10-2394호

ISBN 978-89-9061-166-6 74400
　　　　978-89-9061-154-3 74400(세트)

ⓒ 김성화, 권수진, 조위라 2004

이 책은 저작권법에 의해 보호를 받는 저작물이므로 무단 전재 및 무단 복제를 금합니다.
잘못된 책은 구입하신 곳에서 바꾸어 드립니다.
《그런데요, 생태계가 뭐예요?》를 읽고 난 후 궁금한 게 있는 친구들은
이 책을 쓴 선생님께 메일(viduli@hanmail.net)을 보내 주세요.

제품명: 그런데요, 생태계가 뭐예요? | **제조자명**: 토토북 | **제조국명**: 대한민국 | **전화**: 02-332-6255
주소: 서울시 마포구 양화로11길 18, 3층(서교동, 원오빌딩) | **제조일**: 2023년 12월 1일 | **사용연령**: 8세 이상
* KC 인증 유형: 공급자 적합성 확인
* KC마크는 이 제품이 공통안전기준에 적합하였음을 의미합니다.

⚠ **주의** 책의 모서리에 다치지 않게 주의하세요.

그런데요, 생태계가 뭐예요?

김성화·권수진 글 | 조위라 그림

www.totobook.com

추천의 글

자연의 일부임을 행복하게 생각합시다

최재천(이화여대 에코과학부 석좌 교수)

어느 생태학자가 세계 여러 나라에 사는 사람들에게 매일매일 식탁에 오르는 음식들이 얼마나 여러 가지 생물들로부터 오는 것인지 조사하여 알려 달라고 부탁한 적이 있었어요. 사람들이 도대체 몇 가지 종류의 생물을 잡아먹고 사는지 궁금해서 물어본 거예요. 놀라지 마세요. 우리 인간은 무려 5천 종의 생물들을 먹고산답니다. 어마어마한 숫자지요? 어린이 여러분도 오늘부터 일주일 동안 자기가 먹는 음식에 대해 표를 한번 만들어 보세요. 아마 적지 않은 숫자의 생물들이 여러분 장 속으로 들어오고 있다는 걸 알게 될 겁니다.

그 생태학자는 또 과연 몇 종의 생물들이 우리 인간을 먹고사는지 조사했습니다. 그가 조사한 생물들에는 인간을 통째로 집어삼킬 수 있는 동물뿐 아니라 모기처럼 우리의 피를 조금 빨고 도망가는 것들도 다 포함되어 있었어요. 이것 역시 놀랍게도 무려 천 종이라는 결과가 나왔습니다. 우리 인간이 만물의 영장이 된지 오래건만 아직도 우리를 먹고사는 생물들이 이렇게 많다니, 아마 잘 믿어지지 않을 거예요. 하지만 앞으로 우리가 이 같은 조사를 계속하면 더 많아지면 많아졌지 줄어들지는 않을 겁니다.

우리 인간을 중심으로 먹이그물을 그려 보면 적어도 6천 종의 생물들이 서로 얽혀 살고 있다고 합니다. 또 그 많은 생물들은 다 제가끔 물이나 공기 또는 다른 많은 물질들과 복잡한 관계들을 맺고 살아가고 있습니다. 이런 관계들이 모두 모여 이룬 것이 바로 생태계지요. 이 책의 제목에서 '생태계가 뭐예요?' 하고 물었는데 그럼 제가 간단하게 답을 가르쳐 준 건가요? 그렇지 않아요. 생태계는 너무도 복잡하고 오묘해서 이렇게 한 마디로 설명할 수 없습니다.

이 책에 설명된 대로 생물들은 그 복잡한 생태계의 먹이그물 속에서 살아남기 위해 제가끔 기발한 방법들을 개발하여 살아가고 있습니다. 늘 새로운 걸 막기 위해 용감하게 실험도 하고, 다른 생물들과 지나친 경쟁을 피하기 위해 함께 살 방법도 고안하며 살아가지요. 그러다 보니 누구는 풀만 먹고, 누구는 고기를 먹고, 또 누구는 이것저것 맛있는 것이라면 죄다 먹어치우게 된 것이겠지요. 우리 인간처럼 말이에요.

저는 어린이 여러분이 이 책을 통해 자연 생태계 속에서 살아가는 생물들의 이야기가 먼 다른 나라 얘기가 아니라 바로 우리 주변에서 늘 벌어지는 얘기라는 걸 깨달았으면 합니다. 예전의 우리 조상들은 그렇지 않았는데, 현대인들은 대부분 도시에 살면서 마치 자연의 일부가 아닌 것처럼 생각하고 살아갑니다. 자연 생태계는 늘 저 멀리 떨어져 있고 그 곳으로부터 우리는 좋은 것만 다 빼먹으면 그만이라는 식으로 사는 것 같습니다. 하지만 이 책이 들려주는 가장 큰 교훈처럼 자연생태계에는 그저 상대를 거꾸러뜨리려는 생물들만 있는 게 아니라 함께 손을 잡고 서로 돕고 사는 생물들도 많이 있습니다. 그리고 그런 생물들이 훨씬 더 잘 살고 있습니다. 우리 인간이 오늘날 이렇게 잘 살게 된 것도 다 지금으로부터 만 년 전, 저 들판에 말없이 피고지던 잡초에 지나지 않았던 벼, 보리, 밀 등을 경작하기 시작했기 때문입니다. 그들과 공생하는 방법을 터득하여 실천했기 때문에 만물의 영장이 된 거라는 말입니다. 우리는 우리가 생태계의 일원이라는 걸 행복하게 여기고 또다시 함께 사는 길을 찾아야 할 것입니다.

차례

8 무엇이 사자를 꿀꺽했을까?

서로 돕는 먹이사슬

12 변덕쟁이 수사자의 고민

22 초식동물의 식사

28 풀이 해를 먹었어요!

34 지구의 밥, 태양

37 사자를 꿀꺽해 버린 곰팡이

42 똥이 어디로 갈까?

44 그런데요, 생태계가 뭐예요?

스스로 되살아나는 생태계 이야기

50 살아 있는 지구, 가이아

52 화산이 폭발했어요!

60 숲이 태어나고 자라고……

70 생태계를 되살리는 갯벌

75 큰 생태계와 작은 생태계

다르기 때문에 함께 살 수 있어요

- 84 동물과 식물의 톡톡 튀는 생존전략
- 88 사자와 호랑이가 싸우면 누가 이길까?
- 92 나무늘보는 왜 게으름뱅이가 되었나?
- 96 사냥은 괴로워!
- 102 잡아먹힐 수만은 없지!
- 106 천적을 속여라!
- 110 탁 트인 곳에서 살아남기
- 114 토끼 코에 불이 났어요!
- 120 코끼리 똥 밭에 떨어진 씨앗
- 126 식물의 가장 큰 적은 식물이에요
- 132 알을 지켜라!
- 138 옛날 옛적, 아주 조그만 생물들이 물려 준 비밀
- 148 늑대가 필요한 이유

156 이제 이야기가 끝이 났어요, 하지만……

무엇이 사자를 꿀꺽했을까?

옛날에 한 용감한 사자가 살았어요. 그 사자는 토끼를 549마리 잡아먹었고, 사슴을 675마리 잡아먹었고, 물소를 254마리 잡아먹었고, 얼룩말을 927마리 잡아먹었고 멧돼지를 94마리 잡아먹었어요.

가끔은 암사자가 사냥한 것을 빼앗아 먹기도 했어요. 하지만 그것은 사자가 정말로 사냥을 나가기 싫을 때나, 지독한 감기에 걸렸을 때뿐이어서 사자는 누가 뭐래도 떳떳했어요. 사자는 자기가 정말로 용감한 사냥꾼이라고 생각했어요. 숲 속의 모든 동물들이 사자를 존경하고 사자를 무서워했어요. 암사자만 빼고요. 사자는 이 세상에 자기보다 힘센 동물은 없다고 생각했지요.

"이 세상에 사자를 잡아먹을 수 있는 것은 아무것도 없어!"

하면서 말이지요.

오랜 세월이 흐른 뒤에 사자는 늙고 병이 들어서 죽었어요. 아무리 크고 용감한 사자라도 영원히 살 수는 없잖아요? 사자가 죽고 나자 놀라운 일이 벌어졌어요.

얼마 후, 사자의 시체는 흔적도 없이 사라졌어요! 그렇게 크고 용감했던 사자가 말이에요. 무엇인가가 사자를 먹어버린 거예요!

도대체 무엇이 사자를 꿀꺽해 버렸을까요?

서로 돕는 먹이사슬

사자는 못말리는 변덕쟁이에요.

변덕쟁이 수사자의 고민

어흐흥! 수사자는 멋지게 갈기를 뒤로 한번 젖혔어요.
수사자한테는 고민이 하나 있었어요. 사자는 못말리는
변덕쟁이였거든요. 며칠 동안은 기분이 좋았다가, 며칠 동안은
기분이 나빴다가, 기분이 좋았다가 또 기분이 나빴다가…….
사자는 일생 동안 '기분이 좋았다가, 나빴다가' 하면서 살았어요.
기분이 좋을 때는 방금 사냥한 고기를 먹어서 배가 부를 때이고,
기분이 나쁠 때는 사냥을 못해서 배가 등짝에 달라붙을
때였어요.
지금은 수사자의 기분이 아주 좋을 때예요. 왜냐하면 조금 전에
커다란 사슴 한 마리를 잡아먹어서 배가 아주 부르거든요.
건너편 웅덩이에는 사슴과 기린과 물소들이 풀을 뜯고 있었어요.

"사자로 태어나서 정말 다행이야. 저것들 좀 봐, 언제 죽을지도 모르고, 맛도 없는 풀이나 뜯고 있는 꼴이라니!"

수사자는 기분이 날아갈 듯이 좋았어요. 자신이 저 무리들 속에 섞여 있는 사슴이나 기린이나 물소가 아니고, 힘센 사자라는 게 너무도 자랑스러웠거든요.

그런데 사흘 뒤에는 그만 기분이 다시 나빠졌어요. 사자는 너무너무 우울했답니다. 고뇌하는 철학자처럼요. 사자는 자기가 사자라는 것이 싫어졌어요. 솔직히 말해서 사자의 체통을 유지하면서 사냥을 하기란 그리 쉬운 일이 아니거든요.

뱃속에서 꼬르륵 소리가 나자 사자는 자기도 모르게 벌떡 일어났어요. 그 소리가 마치 천둥소리처럼

수사자는 기분이 날아갈 듯이 좋았어요. 자신이 저 무리들 속에 섞여 있는 사슴이나 기린이나 물소가 아니고, 힘센 사자라는 것이!

크게 들렸거든요. 그런데 얼마 전까지만 해도 건너편에 있던 사슴과 기린이 보이질 않았어요. 사슴도 기린도 새로운 풀밭을 찾아 벌써 이사를 가 버렸어요.

사흘이 지나고 나흘이 지나고, 사자는 먹잇감을 구경도 못했어요. 사자는 더욱더 우울해졌어요. 뱃가죽은 옛날에 등가죽에 달라붙었고요.

마침내 사자는 길 잃은 물소 한 마리를 발견했어요. 사자는 군침을 주르르 흘리면서 물소에게 다가갔어요. 그런데 바로 그때 하필이면 바람이 불어서 물소가 사자의 냄새를 맡고는 달아나 버리지 않겠어요?

사자는 죽을 힘을 다해 쫓아갔어요. 사자가 물소의 엉덩이를 꽉

깨물려는 순간, 물소도 죽을 힘을 다해
달아났어요. 지친 사자는 그 자리에 풀썩 주저앉고
말았어요.

뱃가죽이 등짝에 달라붙어 버린 배고픈 사자는 어슬렁어슬렁
암사자에게로 갔어요. 암사자는 들개 한 마리를 잡아 와서
새끼들에게 먹이고 있었어요. 암사자도 며칠 만에 겨우 들개 한
마리를 사냥했어요.

수사자는 있는 힘을 다해서 헛기침을 했어요. 축 늘어진 갈기를
억지로 한번 휘날려 보면서요. 멋있게 '어흐흥' 하는 소리가
나오는가 했더니, 꼴사납게 이런 소리가 나오잖겠어요?

"이히히힝"

에라, 모르겠다! 수사자는 들개를 홱 가로채서는 달아났어요.
사자는 빼앗아 온 고기를 맛있게 냠냠 먹었답니다.

에라, 모르겠다. 수사자는 들개를 홱 가로채서는 달아났어요.

사자는 둥둥 배가 불러왔어요. 우울한 기분도 싹 가시고요. 사자는 금세 기분이 좋아졌어요. 사자는 다시 자기가 사자인 것이 좋아졌어요. 사자는 콧노래를 불렀어요.

"랄랄라! 나는야 세상에서 가장 힘센 사자. 세상에 사자를 잡아먹는 건 아무것도 없지. 불쌍도 해라. 언제 사자의 밥이 될지 모르는 물소와 기린과 토끼들아~ 랄랄라! 나는야 힘센 사자."

지구를 굴리는 먹이사슬

동물은 먹어야만 살 수 있어요. 그것도 살아 있는 다른 동물이나 식물을 먹어야만 살 수 있어요. 돌이나 쇠나 흙이나 구름이나

18　서로 돕는 먹이사슬

모래나 플라스틱은 아무리 많아도 소용 없어요. 꼭 살아 있는 것이어야만 한답니다. 산 채로 잡아먹느냐, 죽여서 요리해 먹느냐 그것이 다를 뿐 모든 동물은 살아 있는 다른 동물이나 식물을 먹습니다. 여러분이 오늘 먹은 음식을 생각해 보세요. 여러분이 먹은 음식의 재료들도 얼마 전까지는 모두 살아 있던 동물과 식물이었어요!

동물은 다른 생물을 먹고, 자기도 언젠가는 다른 생물의 먹이가 되지요. 다른 생물의 먹이가 되지 않는 생물은 하나도 없어요!

사자, 호랑이, 치타, 표범, 여우, 늑대는 사냥을 하는 **육식동물**이에요.

다람쥐, 토끼, 사슴, 기린, 소, 당나귀, 말, 코끼리, 하마, 코뿔소는 **초식동물**이에요. 육식동물은 작은 육식동물이나 초식동물을 먹고, 초식동물은 식물을 먹어요. 생물들은 서로서로 먹고 먹히면서 자기도 살고, 다른 생물도 먹여 살려요. 이렇게 생물들이 서로 먹고 먹히는 관계를 **먹이사슬**이라고 합니다. 먹이사슬은 다른 말로 **먹이그물**이라고도 부르지요. 먹고 먹히는 관계가 그물처럼 복잡하게 얽혀 있기 때문이에요. 하지만 절대 끊어지는 일은 없습니다. 사슬이 끊어지는 날엔, 우리 모두 굶어 죽고 말 거예요!

육식동물과 초식동물의 수를 비교하면 이렇게 피라미드 모양이 돼요. 육식동물보다 초식동물이 많고, 초식동물보다 식물이 훨씬 많아요. 만약에 이 피라미드가 거꾸로 되면 큰일 나요!

초식동물의 식사

토끼의 식사법을 알려 드릴게요.

세상에서 제일 까다롭고 깔끔하고 우아한 토끼 공주가 있었어요. 토끼 공주는 하루 종일 숲 속을 돌아다니며 나뭇잎을 뜯어 먹지요. 우선 그 커다란 앞니로 나뭇잎을 잘게 썰어서 입 속으로 넣은 다음 어금니로 지근지근 씹어 갈고 부숩니다. 그런 다음 꿀꺽 삼키지요.

드디어 토끼 공주의 첫 번째 우아한 야외 식사가 끝이 났어요.

그런데 갑자기 토끼

공주의 얼굴이
빨개지고 근심 어린 표정으로
바뀌었어요. 왜 그럴까요?
토끼 공주는 사방을 두리번거리더니 아무도 몰래
토끼굴 속으로 들어갔어요. 굴 속에는 까다롭고
깔끔하고 아름답고 우아한 토끼 공주의 두 번째
식사가 기다리고 있어요.
두 번째 식사라고요? 그런데 식탁 위에는
아무것도 놓여 있지 않습니다.
토끼 공주는 우아한 자세로 식탁 앞에
앉았어요. 하녀가 밥상이라도 차려 주길
기다리는 걸까요?
잠시 후 토끼 공주는 의자에 쪼그리고
앉아서 '꽁' 하고 똥을 누기 시작했어요. 똥
하나, 똥 둘, 똥 셋…… 조그만 알약같이 생긴
똥을 많이도 누는 거예요! 토끼 공주는

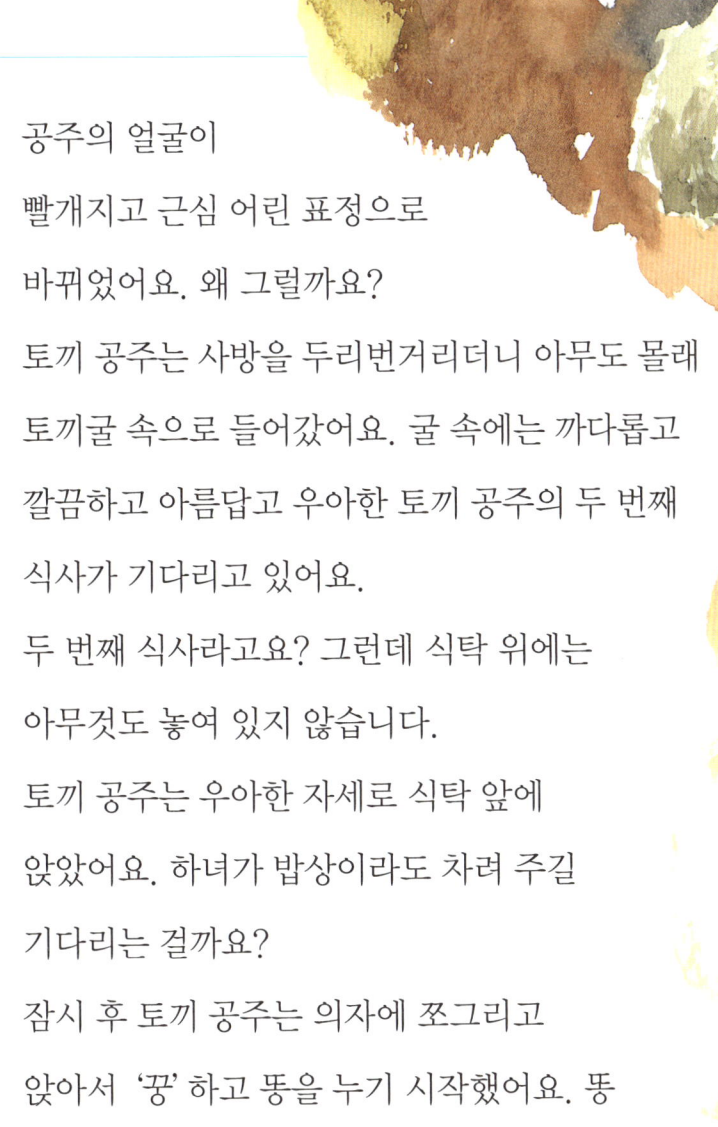

야! 식사가 끝나고 나면 토끼 공주는 얼굴이
빨개지고 근심 어린 얼굴이 된답니다.
　　　　　왜 그럴까요?

그것을 예쁜 그릇에 담았어요. 그리고 우아하게 먹기 시작했지요. 공주니까요!

"오물오물, 냠냠……"

풀을 먹기는 정말 어려워!

토끼는 초식동물이에요.

초식동물은 풀만 먹고살아요. 사자나 호랑이처럼 힘들여 사냥하지 않고, 풀만 먹으니 참 편하겠다고요? 글쎄요.

우엑~ 토한 것을 다시 먹어요. 되새김질을 하는 동물들은 위가 여러 개 있어요.

풀만 먹고살기는 쉬운 일이 아니에요. 왜냐하면 풀에는 영양분이 별로 없거든요. 풀만 먹고도 씩씩하게 살려면, 풀을 엄청나게 많이 먹어야만 합니다. 그래서 초식동물은 하루의 대부분을 풀을 뜯어먹는 데 시간을 보내지요.

초식동물은 하루의 반은 먹는 데 보내고 나머지 반은 소화시키는 데 보냅니다. 우리처럼 뱃속에 넣기만 하면 저절로 소화가 되는 것이 아니거든요.

그래서 토끼는 언제나 식사를 두 번 합니다. 첫 번째 식사는 풀을
뜯어 먹는 것이고, 두 번째 식사는 한 번 소화시켜서 나온 똥을
다시 먹는 거지요. 그래야 풀이 완전히 소화되고 몸 속에
영양분으로 흡수되지요.

풀을 소화시키기가 어렵기 때문에 다른 초식동물들은
되새김질을 합니다. 영양, 사슴, 들소, 양, 소, 노루, 얼룩말,
염소는 들판에서 풀을 뜯어 먹고, 쉬는 시간에는 그늘에서
오랫동안 되새김질을 하지요.

초식동물들이 주로 먹는 나뭇잎이나
가지, 풀은 몹시 질겨요. 식물
세포는 섬유소로 되어 있는데,
어찌나 질긴지 아무리 튼튼한

초식동물은 위나 창자 속에 섬유소를 부술 수 있는 힘센 일꾼인 박테리아를 키우고 있어요.

맷돌로 갈아도 잘 파괴되지 않습니다. 위에서 나오는 강한 소화액으로도 어림없어요. 그래서 초식동물은 위나 창자 속에 섬유소를 부술 수 있는 힘센 일꾼들인 박테리아를 키우고 있어요.

그런데 박테리아가 공짜로 이 일을 해 줄까요? 가는 게 있어야 오는 것도 있는 법이죠. 초식동물과 박테리아는 서로 돕고 살고 있어요. 박테리아는 초식동물이 먹은 질긴 섬유소를 부수어 주고, 초식동물의 위나 창자 속에서 영양분을 얻어 먹어요.

박테리아는 말이죠

박테리아는 지구에서 가장 오래된 생명체예요. 식물보다도, 동물보다도 더 오래되었지요. 박테리아는 36억 년 전에 처음으로 지구에 나타났어요. 박테리아는 모든 곳에 살 수 있어요. 어떤 박테리아는 남극의 얼음 밑에서도 살고, 화산 속에서도 살고 있어요!

풀이 해를 먹었어요!

육식동물은 초식동물을 먹고, 초식동물은 풀을 먹고 그럼 풀은 무얼 먹고 살지?

풀은 해를 먹고 살아요!

만약에 풀이 해를 먹지 않는다면, 토끼도, 들개도, 사자도 굶어 죽고 말 거예요.

풀이 해를 먹고 뚱뚱해지면 그것을 토끼가 먹고, 토끼가 토실토실 자라면 그것을 들개가 먹고, 들개가 살이 통통 오르면 그것을 사자가 먹으니까요.

풀은 가만히 앉아서도 하늘 높이 떠 있는 태양을 조금씩 조금씩 갉아먹어요!

그럼 언젠가는 태양도 없어지고 말겠네요?

그럴지도 모르지요. 아주 오랫동안 식물들이 해를 갉아먹는다면 말이에요. 하지만 태양은 식물이 다 먹을 수 없을 만큼 크고, 또 오래 산답니다. 태양은 앞으로 50억 년 더 살 수 있지요. 그러니 그렇게 걱정할 필요는 없습니다.

그런데 풀이 어떻게 해를 먹는 걸까요?

당근의 부엌

여기는 당근의 부엌이에요! 세상에서 제일 작은 부엌이지요.

당근의 부엌은 녹색 세포이고, 당근의 잎에 아주 많이 있어요. 당근의

부엌에 대해서 알고 싶다면, '엽록체'라는 단어를 사전에서 찾습니다. 그것은 그저 '녹색의 덩어리'라는 뜻이에요. 예전에 사람들이 현미경으로 식물의 잎을 하나 따서 들여다 보았는데, 그 속에 수많은 녹색 알갱이들이 뭉쳐 있는 게 보였어요. 그래서 사람들은 그것을 그냥 '녹색 덩어리'라고 부르기로 했어요. 그곳이 당근의 부엌이라는 것을 알아내는 데는 아주아주 오랜 시간이 걸렸지만요.

당근은 엽록체 부엌에서 햇빛을 가지고 요리를 해요. 햇빛 조금, 물 조금, 그리고 공기도 조금 넣어서요.

이렇게 식물들이 햇빛과 물과 공기로 요리를 하는 것을 **광합성**이라고 부르지요.
식물이 제일 좋아하는 공기는 이산화탄소입니다.
식물은 햇빛에다 이산화탄소와 물을 섞어서 맛있는 밥(당분)과 산소를 만들어요.
밥은 식물이 양분으로 이용하고, 산소는 버립니다.
식물들이 내버린 산소는 동물들이 들이마셔요.
물론 식물들도 숨을 쉬기 위해 산소를 들이마시지만 식물은 자기가 쓰는 것보다 훨씬 더 많은 양의 산소를 내뿜는답니다.
이렇게 식물들이 햇빛과 물과 이산화탄소로

요리를 하여 영양분을 만들고 산소를 만들지 않는다면, 동물들은 먹을 것이 없어서 죽고, 숨을 못 쉬어서 죽을 거예요. 이런 이유로 먹이사슬에서는 식물을 생산자라고 부릅니다. 생산자는 무엇인가를 맨 처음 만들어 낸다는 뜻이에요.

식물은 동물들이 먹고, 숨 쉬고, 살 수 있도록 영양분과 깨끗한 공기를 동시에 만들어 내지요. 그것도 물과 공기와 햇빛만으로요!

광합성을 하지 않는 식물도 있어요

대부분의 식물들은 물과 공기와 햇빛을 이용해서 스스로 필요한 영양분을 만듭니다. 잎에 있는 녹색세포들이 부지런히 광합성을 하고 있지요. 그런데 어떤 식물은 광합성을 하지 않습니다.

갯더부사리는 강가나 바닷가의 모래땅에 자라는 못생긴 풀이에요. 갯더부사리의 잎은 날 때부터 죽을 때까지 우중충한 낙엽색이지요. 잎에 녹색세포가 없어서 그렇답니다. 녹색세포도 없고, 광합성도 못하면 갯더부사리는 어떻게 살아갈까요?

갯더부사리는 도둑질로 먹고 살아요. 다른 식물의 양분을 훔쳐먹는 것이지요. 그래서 이름도 갯더부사리랍니다. 갯가에 사는 더부사리라고요. 갯더부사리는 쑥의 뿌리 밑에 뿌리를 내리고 쑥 뿌리에 붙어서 물과 영양분을 훔쳐 먹습니다. 머지않아 쑥은 얌체 갯더부사리에게 양분을 다 빼앗기고 말라 죽습니다. 이렇게 스스로 양분을 만들지 않고, 다른 식물의 양분을 도둑질하는 식물을 기생식물이라고 부릅니다.

지구의 밥, 태양

그럼, 해는 무얼 먹지? 해는 아무것도 먹지 않아요. 해는 자기 스스로 에너지 덩어리예요.

육식동물은 초식동물을 먹고, 초식동물은 풀을 먹고, 풀은 해를 먹고…… 그럼 해는 무얼 먹지?
해는 아무것도 먹지 않습니다. 해는 자기 스스로가 에너지 덩어리예요. 태양은 100억 년 동안 쓸 수 있는 에너지를 가지고 태어났어요. 지금 태양은 50억 살쯤 되었어요. 50억 년 뒤에는 태양도 늙어서 죽습니다. 그럼 모든 것이 끝이지요. 지구도 없어지고 지구에 살고 있는 생명체도 없어지고!
그러니까 태초부터 지금까지 지구를 먹여 살리고 있는 것은 하늘에 떠 있는 저 커다란 태양이에요.
식물도 동물도 우리 인간도 사실은 태양 에너지를 먹으며 살고 있어요.
태양 에너지를 먹는다고요? 그렇답니다.
태양은 높은 온도로 불타고 있는 거대한 가스 덩어리예요.

태양에서 나오는 어마어마한 에너지를 우리 몸 속으로 맨 처음 전달해 주는 것은 식물이에요. 식물이 태양 에너지를 낚아채는 것, 그것이 바로 광합성이랍니다. 식물이 낚아챈 태양 에너지를 또 낚아채는 것은 초식동물이에요. 초식동물이 낚아챈 태양 에너지를 또 낚아채는 것은 육식동물이고요. 우리 인간은 식물과 동물한테서 골고루 태양 에너지를 낚아채고요.

이렇게 해서 모든 생물은 태양 에너지를 먹으며 살고 있습니다. 우리가 매일매일 밥을 먹고 고기를 먹는 것도 사실은 그 속에 변신해서 들어 있는 태양 에너지를 먹는 것이랍니다!

사자를 꿀꺽해 버린 곰팡이

🦠 **변덕쟁이** 수사자가 죽었어요. 사자는 굶어서 죽었지요. 너무 늙어서 사냥할 힘도 없고, 암사자가 사냥한 것을 빼앗아 먹을 힘도 남아 있지 않았거든요.

사자의 몸뚱이는 오랫동안 커다란 나무 아래 널부러져 있었어요. 사자가 죽자 하이에나들이 어슬렁어슬렁 다가와서 사자를 뜯어 먹었어요. 사자를 조금 뜯어 먹다가 하이에나들도 가 버렸지요. 늙은 사자의 몸뚱이는 질기고 맛이 없거든요.

다음에는 까마귀와 독수리들이 와서 사자의 살을 발라 먹었어요. 아직도 사자의 몸뚱이가 많이 남았어요. 까마귀와 독수리가 남긴 것은 개미와 송장벌레와 바퀴벌레들이 와서 먹었어요. 그래도 부스러기가 남았지요. 곤충들이 남긴 것은 곰팡이와 박테리아가 사자가 죽자 하이에나들이 어슬렁어슬렁 다가와서 사자를 뜯어 먹었어요.
다음에는 까마귀와 독수리들이 와서 사자의 살을 발라 먹었어요.

몰려와서 깨끗이 먹어치웠어요. 곰팡이와 박테리아는 흔적도 남기지 않고, 사자를 모두 먹어 버렸답니다! 마침내 그 자리에 사자가 있었다는 것을 아는 이는 아무도 없었어요.

그렇게 된 거예요. 사자는 곰팡이와 박테리아가 모두 꿀꺽해 버렸답니다!

얼마 후 사자가 죽었던 나무 밑에 커다란 버섯이 피어났어요! 영양분을 듬뿍 얻어먹은 곰팡이가 땅 위로 동그란 버섯을 피워 올렸지요. 버섯은 땅 위로 피어나는 곰팡이의 꽃이거든요.

먼먼 옛날부터 지금까지 지구에 동물들의 시체가 쌓이고 쌓이지 않은 것은 바로 곰팡이와 박테리아가 있었기 때문이랍니다.

 분해자 이야기

육식동물은 초식동물을 먹고, 초식동물은 식물을 먹고, 식물은 해를 먹고, 곰팡이와 박테리아는 모든 것을 먹습니다! 살아 있는 것도 먹고, 똥도 먹고, 시체도 먹고, 심지어 철과 플라스틱도 먹어 치운답니다!

곰팡이와 박테리아가 그 모든 것을 먹어 치우지 않는다면, 지구는 동물들의 배설물과 오래 전에 죽은 식물과 동물들의 시체로 쓰레기 무덤이 되었을 거예요.

지구가 동물의 똥과 동식물의 시체들로 넘쳐나지 않는 것은

모두모두 곰팡이 덕분이에요. 곰팡이야 고마워!

곰팡이와 박테리아처럼 동물의 배설물과 죽은 동·식물의 시체를 먹고 사는 생물을 **분해자**라고 부릅니다. 무엇이든 먹고 잘게 부순다는 뜻이에요. 부수어서 마지막에는 흔적도 없이 사라지게 만들지요.

지구에는 동물의 똥이나 동·식물의 시체를 먹고 살아가는 생물이 아주 많이 있어요. 쇠똥구리, 아메바, 짚신벌레, 곰팡이, 버섯, 박테리아, 개미와 귀뚜라미, 좀벌레, 송장벌레, 바퀴벌레는 동물들의 똥과 동·식물의 시체를 갉아먹어요. 달팽이와 지렁이는

죽은 나뭇잎을 먹어서 잘게 부수어요. 지렁이와 달팽이가 다 부수지 못한 것은 곰팡이와 박테리아가 모두 먹어 치운답니다! 그렇게 해서 동물의 똥과 동·식물의 시체는 다시 물과 흙과 공기가 되어 자연으로 흩어져요.
분해자의 수는 이 세상 모든 생물들의 수보다 천 배, 만 배, 억만 배 많답니다. 그렇지 않다면, 지구의 모든 쓰레기와 동물들의 똥과 죽은 동·식물의 시체가 다 어디로 가겠어요?

똥이 어디로 갈까?

철퍼덕!

커다란 암소가 밭에다 똥을 쌌어요. 그러자 어디선가 쇠똥구리들이 한 무더기 날아왔어요. 쇠똥구리들은 서로서로 똥을 차지하려고 엎치락뒤치락 쌈박질을 했어요.

"비켜, 내 똥이야."

서로서로 밀치면서 똥더미로 기어오르고, 속으로 파고들고,

쇠똥구리는 똥을 둥글게 굴려서 이 속에 알을 낳아요. 똥 속에서 깨어난 애벌레가 동물의 똥을 먹고 자라지요. 이런 벌레들 때문에 똥들이 없어져요.

쇠똥구리들은 한바탕 난리법석을 피웠어요.

쇠똥구리는 커다란 똥더미에서 똥구슬을 떼어 내서 누르고, 다지고, 다듬고, 똥구슬을 더욱더 동그랗게 만들어요. 그리고는 데굴데굴 똥구슬을 어디론가로 굴려가지요. 영차영차, 데굴데굴, 비탈길이 나오면 물구나무서서 뒷발로 힘껏 똥구슬을 밀어 올려요. 쇠똥구리는 마침내 마음에 드는 장소에 도착하면 땅속에 구멍을 파고 똥구슬을 집어넣어요. 그리고는 흙으로 구멍을 막고, 그 안에서 하루 종일 똥구슬을 우적우적 먹습니다. 아침 8시부터 똥구슬을 먹기 시작해서 밤 8시까지 계속 꼼짝도 않고 앉아서 똥구슬을 먹지요.

쇠똥구리는 대식가예요. 밤낮으로 먹고, 먹고, 계속해서 또 먹어요! 똥에는 영양분이 적기 때문에 아주 많이 먹어야 한답니다. 쇠똥구리는 똥구슬을 먹는 즉시 실처럼 가느다란 똥을 눕니다. 쇠똥구리가 하루 종일 똥구슬을 먹으면서 누는 똥의 길이는 자그마치 3미터나 된답니다!

그런데요, 생태계가 뭐예요?

지구에서는 모든 것이 돌고 돌아요. 아무 것도 지구 밖으로 달아나지 않고, 지구 안으로 새로 들어오는 것도 없어요. 햇빛만 빼고요. 햇빛은 매일매일 지구에 새로운 에너지를 공급해 줍니다. 그 햇빛을 식물들이 먹고 자라고, 그 식물을 동물이 먹고, 그 동물을 또 다른 동물들이 먹고 자라고, 그 동물이 죽으면 그것을 곰팡이와 박테리아가 먹습니다. 곰팡이와 박테리아가 먹은 생물의 몸은 완전히 분해되어 물과 공기와 흙으로 돌아가지요.

먹이사슬은 끊어지는 법이 없습니다. 끝나는 곳에서 다시 시작되지요. 또다시 흙 속에서 식물이 물과 공기와 햇빛을 먹고 자라고, 그 식물을 동물이 먹고, 그 동물을 또 다른 동물이 먹고,

식물이 만든 양분과 산소를 동물이 이용해요.
동물은 산소로 숨을 쉬고 이산화탄소를 내뿜어요.
이산화탄소를 식물이 다시 이용해요.

식물이 광합성을 해서 태양 에너지를 양분으로 바꾸어요.

식물(생산자)

초식동물(1차 소비자)

육식동물(2차 소비자)

박테리아와 곰팡이, 작은 벌레들(분해자)

땅속의 작은 벌레들이 동·식물의 시체와 배설물을 먹고 잘게 부수어요. 이것을 박테리아와 곰팡이가 식물이 잘 먹을 수 있는 이산화탄소와 물, 질소 같은 무생물로 바꾸어요.

그 동물이 죽으면 다시 곰팡이와 박테리아가 그것을 먹어서 물과 공기와 흙으로 돌려보내고…….
이렇게 끝없이 되풀이되면서 돌고 도는, 살아 있는 자연의 세계가 **'생태계'** 입니다. 그러니까 식물이나 동물, 사람, 곰팡이와 박테리아처럼 살아 있는 생물뿐만이 아니라, 태양과 물과 공기와 흙과 돌멩이 같은 무생물도 생태계의 소중한 일부입니다. 생태계에는 생물도 필요하고 무생물도 필요하지요.

박테리아 큰 물고기

바다에도 돌고 도는 생태계가 있어요. 식물성 플랑크톤, 동물성 플랑크톤, 물고기, 박테리아를 통해 태양 에너지가 돌고 돌아요.

식물과 박테리아는 생물과 무생물의 다리를 이어 줍니다. 식물은 태양 에너지를 동물의 몸속으로 옮겨 주고, 박테리아는 동·식물의 시체를 분해하여 다시 흙속으로 돌려보내 줍니다. 그것은 다시 햇빛과 함께 식물의 영양분이 되지요.

물과 공기와 햇빛, 흙, 식물, 동물, 곰팡이와 박테리아…… 그 중에 하나라도 잘못되면, 생태계의 수레바퀴는 멈춰 버리고 만답니다. 그러니까 공기를 오염시키는 것, 숲을 파괴하는 것, 물을 오염시키는 것, 살아 있는 식물과 동물의 하나라도 멸종시키는 것은 모두 생태계를 파괴하는 잔인한 짓이에요!

작은 물고기   플랑크톤

스스로 되살아나는

생태계 이야기

살아 있는 지구, 가이아

"지구는 살아 있어요!"

얼마 전부터 과학자들이 지구에 대해 이렇게 말하기 시작했어요. 지구는 단지 바위나 공기나 식물이나 동물로만 이루어진 돌로 된 행성이 아니라 그 안에서 모두가 영향을 주고받으며 조화롭게 살고 있는 '살아 있는 행성'이라고 말이에요. 우리 몸을 구성하는 모든 기관들이 서로서로 힘을 합쳐 우리를 살아 있게 하는 것처럼 지구의 모든 구성원들도 부지런히 자기 할 일을 하여 지구를 살아 있게 만듭니다. 아무도 억지로 시키지 않았는데도, 식물과 초식동물과 육식동물과 곰팡이와 박테리아와 물과 공기와 흙과 돌멩이들은 서로서로 힘을 합쳐 멋지게 생태계를 굴려가지요. 하지만 지구도 살아 있기 때문에 가끔 병이 들기도 하고, 몸에

상처가 나기도 한답니다. 천둥 번개가 치고 엄청난 산불이 나서
순식간에 숲이 파괴될 수도 있고, 화산이 폭발해서 섬이
쑥대밭이 될 수도 있고, 갯벌이 망가질 수도 있습니다.
그럴 때에도 살아 있는 지구는 다치고 병든 곳을 스스로 고치고
치료합니다. 자연적으로 일어난 재해는 그것이 아무리 크고
엄청나도 오랜 세월이 흐르면 식물과 벌레와 물고기와 동물들과
물과 공기와 흙이 힘을 합쳐서 자연을 원래의 모습으로 되돌려
놓습니다.

'가이아'는 그리스 신화에 나오는 '대지의 여신'이에요. 지구 자체가 살아 있는
거대한 생명체라는 뜻으로 과학자들이 지구에 붙여 준 멋진 이름이지요.

화산이 폭발했어요!

사람이 살지 않는, 아름다운 무인도가 있었어요. 우거진 정글 속엔 열대의 온갖 나무들과 풀과 꽃과 곤충, 뱀과 도마뱀, 곰쥐, 박쥐, 새들과 원숭이들이 즐겁게 살아가고 있었어요.
이 작은 섬은 인도네시아에 있고, 이름은 크라카타우입니다.
사람들은 이 섬에 대해서 아무것도 알지 못했어요. 그 일이 있기 전에는 말이지요.
지금으로부터 백여 년 전 여름 어느 날, 크라카타우 섬에 대재앙이 일어났습니다. 크라카타우 섬에는 세 개의 화산이 있었는데, 몇 달 동안 화산에서 연기가 모락모락 피어올랐어요. 이웃 섬에 살고 있던 사람들은 그것을 보았지만, 아무도 대수롭게 여기지 않았어요.
1883년 8월 27일 월요일 아침, 마침내 화산이 폭발하고 말았어요.
"우르르르 꽝 꽝 꽝!"
연속해서 화산이 폭발했고, 오전 10시에는 폭발이 극에 달했어요. 버섯구름이 하늘을 뒤덮었고, 폭발 소리가 오스트레일리아대륙과 대만에까지 들렸을 만큼 엄청난 대폭발이었지요.
지구에서 소리가 그렇게까지 멀리 퍼져나간 적은 몇백 년 동안
없었어요. 화산이 폭발하면서 바닷물을 밀쳐 올려서 큰 해일이
일었고, 그 때문에 이웃 섬에서는 4만 명이 목숨을 잃었어요.
대폭발이 끝났을 때, 크라카타우 섬은 3분의 2가 날아가
버렸지요. 몇 달 동안 계속해서 용암이 흘러내렸고, 화산재는
하늘 높이 치솟아서 비처럼 쏟아져 내렸어요. 눈 깜짝할 사이에
크라카타우 섬은 아무것도 살지 않는 검은 섬이 되고 말았어요.
사람들은 그곳을 '죽음의 섬'이라고 불렀어요. 그 무엇도 이
화산섬에서는 다시 살 수 없을 것이라고…….

1년이 지났어요.
사람들이 크라카타우 섬의 대재앙을 잊어
버렸을 때쯤, 탐험가와 박물학자들이 이곳을
찾았어요.
섬에서는 아직도 바위들이 먼지를

일으키며 절벽 아래로 굴러 떨어지고 있었지요.

"다그닥…… 닥……닥……."

고요한 섬에 돌이 굴러 떨어지는 소리만 유난히 크게 들렸어요.

섬 전체를 샅샅이 뒤져 봐도 생명의 흔적이라곤 찾아볼 수 없었어요.

그런데 무엇인가가 움직였어요. 박물학자는 귀신이라도 본 것처럼 깜짝 놀라 뒤로 자빠지고 말았어요.

그것은 거미였어요!

그 이상한 거미는 잿더미로 변한 화산 섬에서 저 혼자 열심히 거미줄을 치고 있었어요.

3년 후……

크라카타우 섬에 파릇파릇 식물이 돋아나기 시작했어요! 바닷가를 따라 이끼와 고사리도 자랐어요.

섬 안쪽에는 부채메꽃과 코코스야자와 사탕수수와 풀들이 자라기 시작했고요.

15년 후……

크라카타우 섬에 작은 숲이 생겨났어요. 고사리와 이끼와 코코스야자와 야생 사탕수수와 주름조개풀이 무럭무럭 자랐어요. 식물의

잎들이 땅에
떨어져서 박테리아들이
갉아먹고 땅을 더욱 기름지게
만들었어요. 기름진 땅속에 개미가
오고, 개미가 많아지자 개미를 잡아먹는
전갈이나 채찍전갈들도 살러 왔어요.
먹을 것이 많아지자 톡토기, 귀뚜라미,
집게벌레, 딱정벌레도 찾아왔어요.
나비, 매미, 파리, 말벌도
크라카타우 섬으로

가자, 화산섬으로!

부채메꽃
하하! 우리는 이웃 섬에서 바닷물을 타고 떠내려왔어. 우리는 씨앗과 열매가 아주 가벼워서 물에도 잘 뜨거든.

코코스야자와 사탕수수
으윽! 우리는 소금물에 닿으면 죽어. 대신 우리는 씨앗과 열매에 깃털이 있지. 바람을 타고 바다를 건너왔어.

왕도마뱀, 그물비단구렁이
우리는 이웃 섬에서 헤엄쳐서 왔어. 이 정도쯤이야 누워서 떡먹기지.

개미와 귀뚜라미, 딱정벌레들······
우리는 통나무 뗏목을 타고 왔어. 신나는 모험이었어.

주름조개풀
헤헤, 우리는 사람의 옷에 대롱대롱 붙어서 여기까지 왔지롱. 갈고리와 가시로 바짓가랑이를 단단히 붙잡고서 말이야.

바퀴벌레와 곰쥐들
찍찍, 우리는 배에서 뛰어내렸어. 우리는 밧줄을 타고 내려왔지롱.

날아왔어요. 나비와 벌들이
꽃가루를 많이 옮겨 주어서 꽃이 피는 식물들도 번성하여 씨앗과
열매를 많이 맺었어요.
곤충과 씨앗과 열매들이 많아지자 이것을 먹고 사는 곰쥐도
찾아들고, 멀리서 새들도 날아왔어요.
어슬렁어슬렁 왕도마뱀과 그물비단구렁이도 바다를 헤엄쳐
크라카타우 섬으로 왔어요. 왕도마뱀은 바닷가에서 게들을
잡아먹고 살았어요.

그리고 36년이 지났어요

크라카타우 섬의 바닷가에 마침내 나무들이 자라나기
시작했어요. 큰 키 나무, 작은 키 나무들이 함께 어우러져 숲을
만들었어요. 바람이나 새들이 이웃 섬에서 자라는 크고 작은
나무들의 씨앗이나 열매를 많이 날라다 주었기 때문이에요. 화산
폭발이 있은 지, 36년 후에 크라카타우 섬은 마침내 옛날의
푸르름을 되찾았답니다!

숲이 태어나고 자라고……

옛날 옛날에 떡갈나무 한 그루가 살았어요.
아니예요. 이렇게 말하면, 동물들이 난리를 치겠죠. 그 떡갈나무에는 여러 동물들도 함께 살고 있었거든요. 떡갈나무 한 그루에 얼마나 많은 동물들이 함께 살고 있는지 보실래요?
떡갈나무 뿌리에는 풍뎅이와 방아벌레의 애벌레들이 살고 있어요. 나무껍질 틈에는 조그만 나방들이 살고 있어요. 껍질보다 더 안쪽에는 하늘소들이

사방팔방으로 굴을 파고 살았고요,
잎에는 떡갈나무 바구미가 살았어요.
곤충들은 떡갈나무 잎에 알을 낳았어요.
떡갈나무는 아무런 불평도 하지 않았어요.
불평하기는커녕, 떡갈나무는 도토리를 많이
만들어서 숲 속의 동물들을 즐겁게 해 주었어요.
제일 먼저 까마귀가 날아와서 도토리를 따 갔지요.
산비둘기도 도토리를 따러 왔어요.
어떤 곤충은 도토리를 파고 들어가서 알을 낳기도
했어요. 그리고도 남은 도토리는 땅으로
떨어졌어요. 그러면 쥐와 다람쥐와 사슴, 멧돼지가
와서 맛있게 먹었어요.

떡갈나무가 몰래 마법의 피리라도 불었을까요? 떡갈나무는 숲 속의 동물들을 자꾸자꾸 불렀어요.

떡갈나무 잎에 붙어사는 곤충들이 많아지자 그것을 먹으려고 거미와 무당벌레가 떡갈나무로 몰려왔어요.

어디선가 딱다구리도 날아왔지요. 딱다구리는 나무껍질 밑에 숨어 있는 곤충들을 쪼아 먹었어요.

곤충들을 먹으려고 멀리서 작은 철새들도 날아왔어요. 그러자 작은 철새들을 먹으려고 까치가 왔답니다.

오랜 세월이 흐른 뒤 떡갈나무가 늙어서 나무에 커다란 구멍이 생기자 올빼미와 박쥐가 날아와 깃들었어요. 뒤엉킨 뿌리에는 오소리와 여우가 굴을 파고 집을 만들었어요.

큰일났어요!

"우르릉, 쾅쾅!"

떡갈나무 숲에 벼락이 떨어졌어요! 번갯불이 삽시간에 숲을 태워버렸어요. 떡갈나무에 깃들어 살던 그 많은 곤충들과 딱다구리와 올빼미와 박쥐와 여우와 오소리들도 모두 불에 타 버렸어요. 산불이 지나갔을 땐 거기에 아름다운 떡갈나무 숲이 있었다는 걸 떠올리는 사람은 아무도 없었어요.

몇 년이 흘렀어요. 까맣게 불에 탔던 땅에서 하나 둘, 싹이 나기 시작했어요! 땅속 깊이 묻혀 있었던 씨앗들과 바람에 실려 날아온 씨앗들이 돋아난 거예요.

그동안 키 큰 나무들 때문에 자라지 못했던 풀들도 땅 위로 올라왔어요. 제일 먼저 민들레와 엉겅퀴와 쐐기풀이 돋아났어요. 쐐기풀은 옆으로 옆으로 끝없이 뿌리를 뻗어 나가더니, 다른 식물들이 비집고 들어올 틈도 없게 자리를 차지해 버렸어요. 예전에 떡갈나무 숲이었던 그곳은 이제 쐐기풀밭이 되어

버렸지요.

"하하, 신난다. 이제 여긴 모두 우리 땅이야!"

하지만 쐐기풀이 몰랐던 것이 있었어요. 쐐기풀이 너무 많이 자라나자 땅에 영양분이 없어져 버렸어요. 쐐기풀이 너무 욕심을 부려서 땅의 영양분을 모두 빼앗아 버렸기 때문이에요. 얼마 못 가 쐐기풀은 시들해졌지요. 이때를 틈타서 잣나무가 나타났어요. 잣나무 씨앗 속에는 영양분이 아주 많이 들어 있어서 영양분이 별로 없는 땅에서도 싹을 틔울 수 있었어요.

> 다람쥐야, 딱다구리야 어서 와. 도토리가 많이 열렸어. 나, 떡갈나무.

> 햇빛을 가로채자! 나, 잎 넓은 나무.

몇 년 후 그곳은 잣나무 숲이 되었지요. 주변에 다른 나무들이 없어서 잣나무는 햇빛을 듬뿍 받고 쑥쑥 자랐어요. 잣나무의 키가 자라고 잎들이 무성해지자 땅바닥에 붙어사는 키 작은 풀들은 햇빛을 못 받아 시들시들 죽어 갔어요. 그곳은 영원히 잣나무들 차지가 될 것처럼 보였지요.

그런데 잣나무도 모르는 것이 있었답니다. 잣나무가 자꾸자꾸 자라서 햇빛을 가리자 키 작은 어린 잣나무들까지도 햇빛을 못 받아 죽어 버렸지요! (잣나무는 잎이 뾰족뾰족해서 햇빛을 많이 못 받으면 죽어 버려요)

이때를 이용하여 그늘에서 잘 자라는 나무들이 싹을 틔우기 시작했어요. 바로 물푸레나무와 단풍나무, 고로쇠나무들이에요. 이런 나무들은 잎이 넓어서 키 큰 잣나무 밑 그늘에서도 잘 자랐어요.

몇 년 후 잣나무는 대부분 사라지고, 숲은 다른 나무들 차지가 되었어요. 물푸레나무, 참나무, 단풍나무, 고로쇠나무…… 그 속에 떡갈나무도 있었답니다! 다람쥐들이 땅속에 묻어 두었던

도토리가 싹을 피워서 커다란 나무로 자라났지요. 떡갈나무는 무럭무럭 잘 자라서 다시 숲의 제왕이 되었어요. 떡갈나무에는 또다시 풍뎅이와 딱정벌레와 바구미와 딱다구리와 다람쥐와 까치와 올빼미와 여우가 찾아왔어요. 떡갈나무는 또다시 도토리를 많이 많이 만들어서 숲 속의 동물들에게 성대한 잔치를 베풀었답니다.

이렇게 숲이 변하기 때문에 여러가지 식물들이 숲에 살 수 있어요. 숲이 변하지 않는다면, 키 작은 식물이나 햇빛을 많이 필요로 하는 나무들은 숲에서 한번도 기세를 펼 수 없을지도 모릅니다. 숲이 변하고, 숲에서 자라는 우두머리 식물들이 바뀌어 가기 때문에 여러가지 다양한 식물들이 숲에서 살 수 있어요.

산불이 나거나 태풍이 몰아쳐서 숲이 파괴되어도, 숲은 스스로를 회복하는 힘이 있습니다. 지구에는 풀, 작은 나무, 큰 나무, 잎이 좁은 나무, 잎이 넓은 나무, 영양분이 별로 없는 땅에서도 잘 자라는 나무, 비옥한 땅에서 잘 자라는 나무처럼 다양한 종류의 식물들이 있어서, 숲에 무슨 일이 일어난다 해도 다양한 식물들이 제때에 나타나서 새로운 숲을 만들어 내지요.

하지만 그것은 아주아주 오래 걸리는 일이기 때문에, 사람들이 집을 짓기 위해서, 도로를 내기 위해서, 혹은 나무를 베기 위해 함부로 숲을 파괴하면 식물들도 숲을 다시 가꿀 시간이 전혀 없답니다.

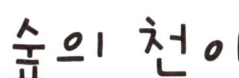

숲의 천이

황무지에 맨 먼저 쌩기풀이 자라기 시작해요.

씨앗에 영양분이 많고, 잎이 뾰족뾰족한 침엽수가 자라기 시작해요.
이런 나무는 황무지에서도 잘 자라요.

빼곡한 침엽수 사이사이로 잎이 넓은 활엽수가 자라기 시작해요.
활엽수는 잎이 넓어서 침엽수 틈에서도 잘 자라요.

나무들이 많이 있어요. 물푸레나무, 단풍나무, 떡갈나무, 고로쇠나무들이 쑥쑥 자라요.

생태계를 되살리는 갯벌

갯벌은 세상에서 가장 신비로운 땅이에요. 왜냐하면 갯벌은 달과 지구의 마법으로 생겨났거든요. 넓고 넓은 우주에서 달은 지구와 가장 가까운 천체예요. 달은 하루에 두 번 지구의 바다를 당겼다 놓았다 한답니다. 그래서 밀물과 썰물이 생기고, 밀물과 썰물 때문에 오랫동안 바닷가에 모래와

진흙이 쌓여서 갯벌이 생겨났지요. 서해안의 넓고 아름다운 갯벌도 그렇게 생겨났어요.

그런데 요즘, 욕심 많은 사람들이 갯벌을 망가뜨리려 한다는 소문이 들리더군요. 갯벌을 메워서 단단한 땅을 만들고 거기다 농사를 짓고, 비행장을 만들고, 공장을 세운다나요?

쳇, 말도 안 돼, 안 되고 말고요!

왜냐고요? 농장이나 비행장이나 공장은 사람이 만드는 거잖아요? 그런 것은 다른 데다 얼마든지 만들 수 있어요. 하지만 갯벌은 달의 도움이 없으면 절대 만들 수 없고, 그것도 수백, 수천 년이 걸려서 만들어 온 것이에요. 도대체 누가 지구의 바닷물을 한꺼번에 밀었다 당겼다 할 수 있겠어요? 아무리 힘센 괴물

천하장사라고 해도 말이에요.

그 많은 모래와 진흙은 또 어떻게 만들고요. 그뿐인가요.

갯벌에는 얼마나 많은 식물과 동물들이 살고 있는데요. 갈대, 부들, 줄, 갯는쟁이, 해홍나물, 퉁퉁마디, 칠면초, 도요새, 물떼새, 조개, 갯지렁이, 고둥, 방게, 달랑게, 새우, 불가사리, 성게, 해삼, 멍게, 굴, 파래, 김……

아이고 숨차, 이것들을 다 죽이고, 거기에다 공장을 만든다고요?

괴물유령갯지렁이

나는 펄을 헤집고 다니면서 그 속에 가라앉아 있는 찌꺼기를 먹어 치워.

홍합

나는 물과 함께 찌꺼기를 들이마셔. 하루에 커다란 콜라병 50병쯤 먹어 치우지. 찌꺼기는 먹고, 물은 다시 내 보내고. 나는 살아 있는 고성능 정수기야!

갯벌을 망치면 생태계는 와르르 무너져요. 갯벌은 육지에서 바다로 흘러오는 더러운 물을 걸러 주고 홍수나 태풍의 피해도 막아 줘요.

갯벌에 사는 식물들이 맨 먼저 오염된 물을 걸러 주고, 다음에는 조개와 고둥과 갯지렁이가 물과 펄 속에 섞여 있는 영양 부스러기를 먹어 치워요. 그렇게 해서 육지에서 나오는 더러운 물이 깨끗하게 되어서 바다로 흘러가지요.

눈에 보이지 않는 작은 생물들(간극생물)

헤헤, 우리는 너무 작아서 잘 보이지 않을걸. 우리는 모래 알갱이 틈에 살고 있어. 우리가 더러운 물을 얼마나 많이 걸러 주는데! 우리는 박테리아도 잡아먹지.

왕좁쌀무늬고둥

출동! 우리는 시체 처리반. 우리는 갯벌에서 죽은 놈들의 시체를 먹어 치우지.

수백 수천 마리의 갯벌 생물들이 이 일을 한다고 생각해 보세요. 인간의 힘으로는 도저히 할 수 없는 엄청난 일을 갯벌의 생물들이 하고 있어요. 갯벌에 사는 생물들이 아니었다면 바다는 옛날 옛날에 구정물이 되었을 거예요. 동물과 식물들이 모두 서로서로 다른 것을 먹고, 덕분에 자연도 저절로 깨끗하게 만든다는 것이 정말 정말 신기해요!

갯벌을 망치고 공장을 짓는 것은 커다란 낭비예요. 왜냐하면 대도시에서 나오는 더러운 물을 다시 깨끗하게 만들어 바다로 보내려면 돈이 많이 들어요. 갯벌의 생물들은 그것을 공짜로 해 주고 있어요! 그뿐인가요. 갯벌에서만 나는 맛있는 조개와 꽃게와 새우와 해삼과 파래와 김은 어떡하고요.

갯벌을 망치고 공장을 짓는 것은 커다란 낭비예요.

큰 생태계와 작은 생태계

자연에는 큰 생태계도 있고 작은 생태계도 있어요. 지구는 가장 커다란 생태계예요. 지구라는 커다란 생태계 안에는 수많은 작은 생태계들이 숨어 있어요. 숲의 생태계, 섬의 생태계, 갯벌의 생태계, 사막의 생태계, 바다의 생태계, 연못의 생태계, 강의 생태계…….

생태계마다 환경도 다르고, 살아가는 동물과 식물도 다르지요. 하지만 그 안에서 모든 것이 조화롭게 움직여요. 작은 생태계들이 잘 돌아가지 않으면, 결국 지구라는 커다란 생태계도 멈춰 버리고 만답니다.

지구 안에 있는 작은 생태계들은 우리 몸 구석구석으로 뻗어 있는 실핏줄과도 같습니다. 실핏줄이 우리 몸 구석구석으로 피와

영양분을 날라다 주는 것처럼 작은 생태계들이 모이고 모여서 지구라는 커다란 생태계를 건강하게 만들어 줍니다.

작은 생태계 안에서 무슨 일이 일어나고 있는지, 하마가 사는 연못으로 가 볼까요?

준비, 하마 똥 발사!

커다랗고 못생긴 하마가 연못에서 엉금엉금 돌아다니고 있었어요. 코에 물이 들어가지 않도록 콧구멍을 꽉 오므리고 말이에요.

하마는 저녁 내내 풀을 뜯다가 방금 샘으로 돌아왔지요. 뭔가 중요한 일을 하기 위해서 왔답니다. 그게 뭐냐고요? 푸하하하!

"끙~ 푸지직!"

하마는 엉덩이를 부르르 떨며 사방팔방으로 똥을 흩뿌렸어요!

하마가 눈 똥이 순식간에 연못으로 번져서 금세 연못 물이 누렇게 되었지요.

똥을 다 누고 나서도 하마는 물을 마구 휘저으며 연못 속을 돌아다녔어요. 마구마구 똥물 소용돌이를 일으키면서 말이에요.

에고고, 더러워라! 하지만 연못에서 살아가는 생물들에게 하마는 고마운 동물이에요. 왜냐고요?

하마는 풀을 뜯어 먹고 살잖아요. 그런데 하마는 풀을 잘

소화시키지 못해서 하마가 누는 똥에는 영양분이 아주 많답니다. 하마는 잘게 토막 난 축축한 지푸라기를 그대로 똥으로 내보내지요. 달팽이와 물고기는 그것을 먹고 살아요. 달팽이와 물고기는 새들이 잡아 먹고요. 곤충들은 물속에 둥둥 떠다니는 젖은 지푸라기를 보금자리로 쓴답니다.

하마는 하룻밤에 풀을 50킬로그램이나 뜯어 먹어요. 그러니 똥도 얼마나 많이 누겠어요? 하마가 연못에 똥을 퍼뜨리지 않으면 연못은 생물이 살지 못하는 죽은 물이 되고 말아요.

하마가 연못에 똥을 퍼뜨리지 않으면 연못은 생물이 살지 못하는 죽은 물이 되고 말아요.

하마는 살아 있을 때나, 죽었을 때나 연못의 먹이사슬에서 없어서는 안 될 중요한 동물이에요.

하마가 죽으면, 그것을 거북이 먹습니다. 거북은 연못가에 알을 낳고 어디론가 떠나가지요.

비가 오고, 연못가에 물이 고이면 알에서 깨어난 새끼 거북의 등딱지에 이끼가 많이 피어나요. 거북이 연못 속으로 들어가면 등딱지에 붙어 있는 이끼를 조그만 물고기들이 먹습니다. 조그만 물고기를 커다란 물고기가 잡아먹고, 커다란 물고기는 악어가

덥석 물어가지요. 악어는 이따금 새끼 하마를 잡아먹습니다.
하마 때문에 연못의 먹이사슬은 꼬리에 꼬리를 물고 이어지지요.

으아악! 해골이다

아프리카 숲 속, 깊고 맑은 샘물에서 탐험가들이 동굴 하나를
발견했어요. 커다란 박쥐나 악어라도 튀어나올 것 같은 캄캄한
동굴이었지요. 굴은 입구가 좁다랗고, 미로처럼 얽혀 있었어요.
길고 긴 미로를 지나자, 곳곳에 뼈들이 쌓여 있었어요! 그것은
하마와 악어와 거북의 뼈들이었어요. 뼈들은 너무 오래
돼서 슬쩍 건드리기만 해도 바스라져 버렸지요.
옛날에는 이 샘물에도 하마와 악어와 거북들이
살고 있었어요. 하지만 지금은 아무도 살지
않지요.

이 샘이 맑은 물만 흐를 뿐, 죽어 버린
샘이 된 건 하마들이 없어졌기
때문이에요. 밭을 못쓰게

만든다고 농부들이 하마들을 모조리 잡아버렸지요.

하마가 사라지고 하마의 똥이 없어지자 샘물도 따라서 죽어 버렸어요.

맨 먼저 하마의 똥을 먹고 사는 곤충과 작은 물고기가 없어졌고, 이어서 작은 물고기를 잡아먹는 커다란 물고기가 사라졌어요.

죽은 하마를 먹는 거북도 오지 않았고, 악어도 먹을 것이 없어서 샘에서 살 수가 없었어요.

하마의 똥은 연못의 생태계에 없어서는 안 될 소중한 배설물이에요. 연못이 말을 할 줄 안다면, 아마도 이렇게 말했을 거예요.

"하마여 또다시 똥물을 뿌려다오!"

살 수 있어요

동물과 식물의 톡톡 튀는 생존 전략

세상에는 많은 종류의 생물들이 살고 있어요. 100만 종의 동물과 25만 종의 식물과 7만 종의 곰팡이가 살고 있지요. 이 많은 생물들을 하느님이 함께 살도록 만드셨어요. 그래서 지구에 수많은 생명들이 너도나도 풍성하게 자라도록 하셨지요.

지구에 수많은 생물들이 함께 살 수 있는 것은 저마다 좋아하는 것이 다르고 살아가는 방법도 다르기 때문이에요. 높은 절벽이나 깜깜한 땅속, 광활한 바다, 자유로운 하늘, 뜨거운 사막, 시원한 숲 속,

탁 트인 초원, 삭막한 고원, 축축한 정글……. 생물들은 서로 좋아하는 곳이 다르고 또 먹이도 달라요. 벌레, 꿀, 풀, 씨앗, 열매, 딱딱한 나뭇가지, 신선한 고기, 썩은 고기, 큰 고기, 작은 고기, 더러운 똥, 햇빛과 이산화탄소…… 별의별 먹이를 먹는 별의별 생물들이 다 있지요.

생물들은 이렇게 제각각 다르기 때문에 함께 살 수 있어요. 만약 모두들 맛있는 개구리만 좋아한다면, 모두들 부드러운 풀잎만 좋아한다면, 모두들 양지바른 언덕에 누워 뒹굴기만 좋아한다면 어떻게 함께 살 수 있겠어요? 당장 무시무시한 싸움판이 벌어지고 결국에는 누구도 남지 않게 되겠죠.

하지만 생물들이 스스로 다르게 되려고 마음먹었던 것은 결코 아니예요. 옛날 아주 먼 옛날, 지금으로부터 36억 년 전에 생명이 처음 생겨났을 때부터 생물들은 살아남기 위해 안간힘을 써야 했지요.

살아남기 위해 남들이 안 사는 곳으로 이사가고, 살아남기 위해 남들이 안 먹는 것을 먹고, 살아남기 위해 모두 잠든 밤에 먹이를 찾고, 살아남기 위해 모여 살고, 살아남기 위해 빨리 달리고, 살아남으려다 보니 어쩌다 무기를 갖게 된 것이지요.

그렇게 까마득히 오랜 세월이 흐르자 지구에는 서로 사는 방법이 다른 별의별 생물들이 생겨났어요. 그리고 이렇게 서로서로 다른 것이 최고의 생존 전략이 되었지요. 지나고 보니, 서로서로 다른 것이 바로 최고의 축복이 되었던 거예요.

이 세상에는 140만 종류의 생물들이 살고 있어요. 이름을 모르는 생물들까지 합하면 이 세상에 살고 있는 생물은 거의 천만 종류나 돼요. 1부터 천만까지 세려면 꼬박 세 달이 걸려요. 단, 한 마디도 하지 않고 잠도 자지 않고 먹지도 않을 수 있다면 말이지요.

곤충 75만 종

식물 25만 종

다른 동물들 28만 종

조류 2만 7천 종

눈에 보이지 않는 작은 미생물 3만 7천 종

곰팡이 7만 종

우와! 이걸 언제 다 세지?

사자와 호랑이가 싸우면 누가 이길까?

사자와 호랑이가 싸우면 누가 이길까요?

사자에게 물어보면 사자가 이긴다 하고, 호랑이에게 물어보면 호랑이가 이긴다 할 것이 틀림없어요.

하지만 둘 다 틀렸어요.

사자와 호랑이는 서로 싸우지 않아요! 사는 곳이 전혀 달라서 만날 일이 없으니까요. 사자는 아프리카에 살고, 호랑이는 아시아에 살고 있어요. 서로 너무 멀리 떨어져 있지요.

하지만 아주 먼 옛날에는 사자와 호랑이가 아주 가까운 곳에서 살았어요. 그때는 사자도 호랑이도 지금보다 훨씬 많았고, 더 널리 퍼져 살고 있었어요. 인도나 아라비아 같은 곳에서는 사자와 호랑이를 둘 다 볼 수 있었대요.
그렇다면 사자와 호랑이가 서로 만나는 일은 없었을까요? 서로 싸우지 않았을까요? 어쩌면 서로에게 반해서 결혼하는 일도 혹시 있지 않았을까요?

그런 일은 없었답니다! 사자와 호랑이가 같은 나라에 살았더라도, 결혼하지도 않고 싸우지도 않았을 거예요. 왜냐하면 사자는 탁 트인 초원을 좋아하고, 호랑이는 깊은 숲을 좋아하니까요.

사자와 호랑이는 생활도 달라요. 사자는 식구나 친척들과 함께 무리지어 살아요. 가장 늠름하고 힘센 수사자는 암사자들과 새끼들을 거느리고, 별 볼 일 없는 수사자들은 자기들끼리 모여 살지요. 이따금 외톨이 사자도 있지만, 외톨이 사자도 사실은 다른 사자와 함께 있는 것을 더 좋아합니다.

하지만 호랑이는 달라요. 호랑이는 다른 호랑이와 같이 사는 것을 싫어해요. 수호랑이는 오줌을 누어서 자기 영역을

표시하고, 다른 호랑이가 침범하면 가만두지 않아요. 암호랑이도 다른 암호랑이와는 살지 않고 새끼 호랑이하고만 살아요. 그래서 사자와 호랑이는 만날 일도 없고, 혹시 맞닥뜨리게 되더라도 사는 방법이 달라서 금방 헤어지지요.

만약 사자와 호랑이가 똑같은 곳을 좋아하고, 똑같은 먹이를 먹고, 똑같은 생활 습관을 가졌더라면 서로 경쟁하다가 둘 중에 하나는 멸종해 버렸을 거예요.

휴! 사자와 호랑이가 서로 좋아하는 것이 달라서 정말 다행이에요.

만약 사자와 호랑이가 같은 나라에 살았더라도, 서로 싸울 일은 없을 거예요. 왜냐하면 사자는 탁 트인 초원을 좋아하고, 호랑이는 깊은 숲을 좋아하니까요.

나무늘보는 왜 게으름뱅이가 되었나?

바다 건너 산을 넘고 사막을 지나 멀고 먼 남아메리카에 나무늘보가 살고 있지요.

나무늘보는 지독한 느림보예요. 느림보 거북도 한 시간에 천 미터는 갈 수 있는데, 나무늘보는 겨우 241미터를 간답니다. 나무늘보는 나뭇가지에 거꾸로 매달려 하루에 18시간이나 잠을 자고, 부숭숭한 털에는 늘 곰팡이가 끼어 있고 털 속에는 애벌레가 살고 있지요. 도대체 나무늘보는 어쩌다 이렇게 느림보 게으름뱅이에다 잠꾸러기에다 거지처럼 지저분하게 되었을까요?

나무늘보는 세크로피아라는 나뭇잎을 먹고 살아요. 그런데 세크로피아 나무는 사방에 널려 있고, 고맙게도 이 나뭇잎은

우리나라에는 나무늘보가 없지만

아무도 좋아하지 않아요. 나무늘보가 사는 곳은 늘 따뜻하기 때문에 나뭇잎이 떨어질 걱정도 없어요. 언제라도 배를 주릴 염려가 없다면, 삶의 걱정 절반은 던 것 아니겠어요? 게다가 나무늘보가 사는 곳은 너무 높아서 재규어도 표범도 올라올 수 없어요. 그래서 오랜 세월이 흐르는 동안 나무늘보는 엄청난 느림보에다 게으름뱅이가 되어 버렸어요.

나무늘보는 오늘 딱 두 가지 생각을 했어요.

'아, 배가 고프군!' 그래서 나뭇잎을 배불리 먹었고, '아, 잠이

이름만으로도 이 동물을 상상할 수 있지요. 말 그대로 나무에서 사는 느림보란 뜻이에요.

나무 위에는 먹을 것도 많고 안전해요.

오는군!' 하는 생각이 들자마자 쿨쿨 잠에 곯아떨어졌지요. 오늘도 나무늘보는 태평해요.

옛날 아주 먼 옛날, 어떤 동물들은 먹이를 찾아서 나무 위로 올라갔어요. 바로 코알라, 원숭이, 여우원숭이, 침팬지, 오랑우탄, 나무늘보의 조상들이었어요. 나무 위에는 먹을 것도 많고 땅 위에 있는 것보다 안전했어요.

똑같이 나무에서 살지만 원숭이는 나무늘보와 습성이

굴은 아주 쓸모가 많아요. 사나운 육식동물을 피하는 은신처가 되고, 침실이 되고,

전혀 달라요. 원숭이는 무리를 지어 살고, 시끄럽고, 호기심이 많고, 날쌔고, 장난꾸러기들이에요. 그리고 늘 돌아다니지요. 어떤 동물은 나무 위로 올라가는 대신 땅속으로 숨었어요. 두더지는 깜깜한 땅속에 굴을 파고 살아요.

굴은 아주 쓸모가 많아요. 사나운 육식동물을 피하는 은신처가 되고, 침실이 되고, 식량 창고가 되고, 새끼를 낳아 기르는 방도 되지요. 그리고 먹이를 잡는 덫이 되기도 해요. 지렁이, 굼벵이, 땅강아지들이 멋도 모르고 땅속을 기어다니다가 두더지 굴 속으로 종종 빠져 주거든요. 재수가 좋아서 벌레들이 아주 많이 잡히면 두더지는 한 마리, 한 마리 깨물어서 기절시킨 다음 지하 창고에 따로 모아 두어요. 굴이 무너지지 않는 한 두더지는 굴 속에서만은 아무것도 부럽지 않은 대왕님이랍니다.

식량 창고가 되고, 새끼를 낳아 기르는 방도 되지요. 그리고 먹이를 잡는 덫이 되기도 해요.

사냥은 괴로워!

사냥하는 동물들은 어떻게 살아갈까요?
그야, 사냥을 해서 먹고 살지요! 하지만 그 사냥이라는 것이 늘 쉬운 것만은 아닙니다.
육식동물도 굶어 죽지 않기 위해 온갖 수고를 해야 해요.(그에 비하면 초식동물은 잡혀 먹힐지언정 굶어 죽는 일은 별로 없어요)
며칠 동안 굶은 사자나 치타의 꼴은 배가 등가죽에 달라붙어 불쌍할 지경이에요. 과연 사냥할 힘이 남아 있을까 싶지요.

사자나 호랑이, 치타나 표범 같은 맹수들도 열 번 사냥 중에 일고여덟 번은 실패한답니다.

사냥은 실패할 때가 훨씬 많아요. 사자나 호랑이, 치타나 표범 같은 맹수들도 열 번 사냥 중에 일고여덟 번은 실패하고 맙니다. 간신히 사냥한 먹이를 더 사나운 놈에게 빼앗기기도 하고요. 언제 다시 고기를 먹을지 알 수 없기 때문에 육식동물은 대개 먹을 수 있을 때 배가 터지도록 먹어 둡니다.
죽으나 사나 그저 사냥을 해서 먹고 살아야 하기 때문에 육식동물은 특별한 무기가 하나쯤은 있어야 해요. 무시무시한

이빨이나 귀신같이 냄새를 잘 맡는 코, 억센 턱이나 무서운 독니,
적의 뱃가죽을 찢어 놓는 힘센 발톱, 날카로운 부리, 끈질긴 체력,
쏜살같이 달릴 수 있는 멋진 근육과 다리, 아니면 심장을 멎게
하는 찌릿찌릿 전기파라도!

그럼 사자처럼 힘세지도 않고, 치타처럼 빠르지도 않고,
상어만큼 무시무시한 이빨도, 방울뱀처럼 독니도 없는, 평범한
육식동물들은 어떡할까요? 예를 들면 들개나 너구리나 늑대처럼

하이에나는 사자보다 힘도 약하고 치타보다 달리기도 못해요. 대신 무리를 지어서 사냥하지요.

말이에요. 평범한 육식동물들은 무리를 지어서 함께 사냥을 하거나 자기보다 훨씬 작은 동물들을 잡아먹지요.

알고 보면 육식동물들은 대개 반듯한 신사입니다. 육식동물은 취미나 재미로 사냥하지 않아요. 단지 먹기 위해서만 사냥을 하지요. 초식동물도 이 사실을 잘 알고 있어요. 그래서 얼룩말이나 기린들은 배 부른 사자는 겁내지 않아요. 마치 패션쇼를 하는 아가씨처럼 그 앞을 유유히 돌아다니지요.

때때로 같은 육식동물끼리 으르렁거리기도 해요. 사자와 사자가, 늑대와 늑대가 누가 더 힘이 센가 겨루기도 하고, 사자나 표범, 표범과 치타가 서로 자리 싸움을 벌이기도 하지요.

맹수들의 싸움이니 얼마나 무서울까요? 하지만 맹수들은 상대방이 죽을 때까지 싸우지 않아요.

서로 한참 으르렁거리다가 보통 약한 놈이 슬그머니 꼬리를 내립니다. 그리고 가장 연약한 목덜미를 상대의 무서운 이빨 앞에 내어 놓지요. 그러면 신기하게도 강한 놈은 마음이 스르르 약해지고, 공격하고 싶어도 더 이상 공격할 수 없게 돼요. 마치 보이지 않는 힘이 '그건 안 돼!' 하고 명령을 내리는 것 같아요. 하지만 힘센 사자가 조그맣고 힘도 없는 치타나 표범의 새끼를 물어 죽이는 일도 이따금 있습니다. 자기 영역에 있는 미래의 경쟁자를 미리 없애 버리는 것이지요.

나도 사냥꾼이야!

앗! 전기총이다!

전기뱀장어는 다른 물고기에게 전기를 감전시켜 기절시킨 다음 잡아먹어요.

몸보다 더 큰 입

뱀의 주둥이는 위와 아래가 떨어져 있어서 자기보다 훨씬 뚱뚱한 먹이도 꿀꺽 할 수 있어요.

개미귀신의 함정

개미귀신은 모래밭에 함정을 파 놓고 먹이가 걸려들기를 느긋하게 기다려요. 드디어 개미가 함정에 빠졌어요! 개미가 올라오려고 몸부림을 쳐요. 개미귀신들은 슬쩍 모래를 뿌리지요. 그러면 개미들은 주루룩 미끄러지고…… 개미들이 지쳐서 힘이 다 빠지면 개미귀신들이 다가가 잡아먹어요.

혀가 화살처럼 날아가요

개구리나 두꺼비의 혀는 목구멍 뒤에 붙어 있지 않고 앞에 붙어 있어요. 그래서 혀를 날름거리기만 해도 아주 멀리 뻗을 수 있지요.

잡아먹힐 수만은 없지!

바위처럼 단단한 갑옷 상자!

늘 잡아먹히는 동물들은 먹히지 않으려고 죽을 둥 살 둥 안간힘을 써요. 어떤 동물들은 날 때부터 흉내쟁이 선수이고, 어떤 동물들은 감쪽같이 사기를 치는 사기꾼이지요. 어떤 동물들은 번개처럼 줄행랑을 놓고, 어떤 동물들은 안전한 곳에 숨어 살아요. 하지만 그보다 더 좋은 것은 무기를 갖는 거예요.

세상에서 가장 메스꺼운 냄새

독 맛 좀 볼래?

정글에 사는 동물들이라면 예쁜 개구리의 유혹에 넘어가서는 안 된다는 것쯤은 알고 있지요. 평범한 개구리는 맛도 좋고 소화도 잘 되지만 색깔이 화려하고 예쁜 개구리들은 미끈미끈한 살갗 속에 무시무시한 독을 숨기고 있거든요!

독이야말로 무기 중의 무기지요. 노란색, 오렌지색, 빨간색, 자주색처럼 예쁘고 화려한 색깔들은 '내 몸에는 무시무시한 독이 들어 있다! 죽고 싶거든 잡아먹어라.' 하는 뜻이에요.

하지만 아무리 무서운 독이 몸에 들어 있어도 잡아먹힌 다음에는 무슨 소용이 있겠어요? 그래서 독을 지닌 동물들은 화려한 색깔로 몸을 치장해서 독이 있다는 것을 미리 경고하는 거랍니다. 이렇게 천적이 싫어하는 색깔로 자기의 몸을 치장하는 것을 **경계색**이라고 합니다. 하지만 독이 없으면서도 경계색을 띠고 마치 독이 있는 것처럼 흉내 내는 동물도 있어요.

무당개구리는 우리나라에 사는 무시무시한

독개구리예요. 등에는 울퉁불퉁한 혹이
잔뜩 나 있고, 배에는 빨갛고 검은 불꽃
무늬가 있지요. 무당개구리는 천적을
만나면 네 다리를 치켜들고
빨간 배를 드러내 보여요.
멍청한 개나 덤벼들까, 여우나
너구리, 뱀들은 무당개구리를 건드리지
않아요.

개구리 말고 두꺼비, 애벌레, 곤충, 물고기 중에도
독을 가진 동물들이 많이 있어요. 자기 몸을
보호하기 위하여 독을 지니게 된 동물들은 밤에
돌아다니지 않아요. 깜깜한 밤에 돌아다니는
것은 정말 멍청한 짓이지요. 화려한 색깔이
조금도 표가 나지 않으니까요.

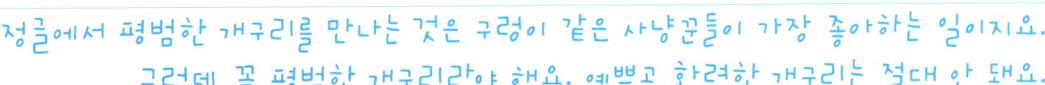

정글에서 평범한 개구리를 만나는 것은 구렁이 같은 사냥꾼들이 가장 좋아하는 일이지요.
그런데 꼭 평범한 개구리라야 해요. 예쁘고 화려한 개구리는 절대 안 돼요.

천적을 속여라!

쉿! 이건 비밀인데요, 가만히 들여다보면 자연은 사기꾼들의 세계입니다. 조그맣고 잡아먹히기 쉬운 동물들은 살아남기 위해 기상천외한 속임수를 쓰지요.

 사기꾼 나비는 양쪽 날개에 부리부리한 왕눈알을 가지고 있어요. 물론 무늬만 왕눈알이에요. 그런데도 새들은 멍청하게 자꾸 속습니다. 사기꾼 나비가 날개를 펄럭이면 꼭 험상궂은 괴물이 부리부리한 눈알로 째려보는 것 같거든요.

나뭇가지를 닮은 대벌레

대벌레 없다~

여름에는 녹색, 가을에는 풀색으로 변하는 방아깨비

사기꾼 나비는 양쪽 날개에 부리부리한 왕눈알을 가지고 있어요.
물론 무늬만 왕눈알이에요. 그런데도 새들은 멍청하게 자꾸 속는답니다.

왕눈알로 괴물 흉내를 내는 대신 무서운 벌인 척하는 나비도
있어요. 독침도 없으면서 말이에요.

박각시나방의 애벌레는 새똥인 척하고, 너구리는 죽은 척 능청을
떨고요, 허풍선이 두꺼비는 적을 만나면 몸을
빵빵하게 부풀립니다. 뿔개구리는 눈에서 피를 내
뿜어 깜짝쇼를 하고, 유리도마뱀은 다급하면 몸을
댕강댕강 끊고 머리만 달아나지요. 목도리도마뱀은

새똥인 척 하는 박각시나방의 애벌레

색깔을 마음대로 바꾸는 넙치와 카멜레온

몸 색깔이 주변 풀색과 똑같은 개구리

적을 만나면 목도리를 우산처럼 쫙 펼칩니다.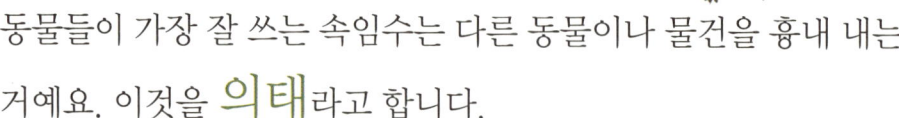
여러 가지 속임수가 있지만, 잡아먹히기 쉬운
동물들이 가장 잘 쓰는 속임수는 다른 동물이나 물건을 흉내 내는
거예요. 이것을 **의태**라고 합니다.
자기보다 무서운 놈을 흉내 내는 동물도 있고, 이와는 반대로
별 볼 일 없는 새똥이나 시든 나뭇잎 흉내를 내는 동물도 있어요.
아니면 주위와 비슷한 색깔로 변신해서 '없는 척' 하기도 하지요.
이렇게 자기를 감추는 색깔을 **보호색**이라고 해요. 보호색을
가진 동물 중에 가장 고수는 가는 곳마다 색깔을 마음대로 바꾸는
카멜레온과 넙치예요.

유리나방은 벌처럼 투명한 날개를 달고 노랑과
검정 줄무늬로 온몸을 치장하고 벌의 흉내를
내지요. 적이 다가오면 허리를 구부려 침을 쏘는
시늉까지 하지만 뭐가 있어야지 나오죠.

탁 트인 곳에서 살아남기

아프리카에서는 얼룩말을 '빛나는 말'이라고 부릅니다. 줄무늬가 화려한 초원의 얼룩말은 멀리서도 눈에 확 띄지요. 오늘은 엄마 얼룩말이 새끼를 낳는 날이에요. 일 년 전에 엄마 얼룩말은 무리 중에서 가장 튼튼하고 늠름한 대장 수말을 점찍었죠. 신랑감으로 말이에요. 둘은 사흘 동안 신혼여행을 떠났고, 엄마 얼룩말은 새끼를 가졌어요.

엄마 얼룩말이 새끼를 낳으려고 풀밭에 눕자, 힘센 얼룩말들이 모두 모여 엄마 얼룩말을 둥그렇게 둘러쌌어요. 그러고 나니 밖에서는 얼룩말의 엉덩이들밖에 보이지 않았지요. 머리는 모두 엄마 얼룩말 쪽으로 향해 있었고요. 그럴 때 사자가 덮치면 어떡하지요?

아니나 다를까!

사자가 숨을 죽이고 다가와요. 한 발짝 한 발짝……. 엉큼한 사자는 풀 위로, 얼룩말의 엉덩이들이 덩실덩실 떠 있는 것을 보고 도저히 그냥 지나칠 수 없었거든요.

사자가 얼룩말의 엉덩이를 향해 돌진했어요. 그리고 앞발을 쳐들고 엉덩이를 물려고 입을 쩌억 벌렸지요. 바로 그때 얼룩말들이 죽을 힘을 다해서 사자의 얼굴을 뒷발로 걸어찼어요. 아이고, 날벼락도 그런 날벼락이 있을까요? 사자는 그만 뒤로 뺑 나가떨어졌어요. 사자는 너무 부끄럽고 화도 나서 절뚝거리며 도망치고 말았어요.

초원에는 몸을 숨길 만한 큰 나무가 별로 없습니다. 그래서 탁 트인 들판에 사는 초식동물들은 모두 달리기 선수예요. 얼룩말이나 영양, 타조는 시속 80킬로미터로 달릴 수 있어요. 원래 기린이나 얼룩말, 영양의 조상들은 숲 속에서 살았어요. 처음에는 다리도 짧았고 몸도 더 작았어요. 하지만 이들이 초원으로 옮겨 살면서부터는 빨리 달릴 수 있게 몸이 점점 커지고 다리도 점점 더 길어졌지요. 발바닥도 빨리 달릴 수 있게 진화했어요. 빨리 달리려고 발끝만 쓰다 보니 발뒤꿈치는 사라지고, 발가락 수가 줄어들고, 발톱이 단단해져서 발굽이 되었지요.

하지만 초원에서는 빨리 달리는 것만으로는 부족해요. 사자나 표범도 죽자고 달리면 그만큼 빨리 달릴 수 있기 때문이에요. 물론 치타는 더 빨리 달릴 수 있고요.

그래서 탁 트인 초원에 사는 초식동물들은 무리를 지어서 살게 되었어요. 무리를 지어 살면 훨씬 더 안전해요. 100마리가 모여 산다고 생각해 보세요. 눈도 200개, 귀도 200개, 코도 100개나 되거든요! 이렇게 많은 눈과 귀와 코들이 항상 살피고 있으면 맹수들도 함부로 공격할 수 없어요.

교훈!
얼룩말 무리가 둥글게 둘러서서 엉덩이만 보이고 있을 때는 절대 덤벼들지 말 것!

코끼리는 왜 그렇게 클까?

이것은 코끼리 코가 왜 그렇게 긴지 대답하는 것만큼 어려운 일이지만,

한 가지는 분명해요.

아프리카 코끼리는 엄청나게 크기 때문에 잡아먹히지 않아요.

아빠 코끼리 7천 킬로그램
아기 코끼리 100킬로그램

그런데 이상하지요? 몸이 클수록 더 잘 살아남는다면 왜 코끼리처럼 커다란 동물들이 많지 않을까요?

먼 옛날에는 거대한 초식동물이 많았어요.

매머드나 마스토돈, 큰나무늘보나 맥처럼요.

하지만 먼 옛날 인간 사냥꾼들에게 잡아먹혀서 멸종했어요.

그래서 지금은 코끼리와 코뿔소 밖에 남아 있지 않아요.

토끼 코에 불이 났어요!

숲에 토끼 모자가 살고 있었어요. 엄마 토끼는 틈틈이 아기 토끼에게 먹으면 좋은 것과 먹어서 안 될 것들을 가르쳤어요.
"씀바귀는 맛도 좋고 몸에도 좋아. 하지만 쐐기풀은 먹으면 안 된단다. 코에 불이 나거든."

아기 토끼는 정말 코에 불이 날까 궁금했어요.

하루는 아기 토끼가 놀러 나갔다가 쐐기풀이 가득 핀 것을 보았어요. 그런데 애벌레들이 쐐기풀에 달라붙어 잎을 갉아먹고 있지 않겠어요?

자, 여러분이 만약 말썽쟁이 토끼이고 쐐기풀이 아주 맛나 보이는데, 엄마 토끼가 먹지 말랬다면 어떻게 하겠어요?

먹고 말겠죠?

말썽쟁이 아기 토끼도 바로 그렇게 했어요. 무성한 쐐기풀 잎에 코를 박았던 거예요. 그 순간 아기 토끼는 코를 싸쥐고 펄쩍 뛰었어요. 코가 탱탱 부어 올랐어요. 얼마나 아픈지 코가 활활 타는 것 같았지요. 쐐기풀 속에는 무시무시한 독이 들어 있었거든요.

아늑한 풀밭, 평화로운 숲이라고요? 천만의 말씀이에요. 숲 속을 자세히 관찰해 보세요. 밤낮을 가리지 않고 수십 억 마리의 곤충들이 소중한 잎을 갉아먹고 뜯어먹고 빨아먹지요. 벌레들이 떼거지로 몰려들어 나무 한 그루가 완전히 벌거숭이가 되는 일도 있어요. 곤충이나 애벌레, 새, 다람쥐, 토끼, 고슴도치, 곰, 기린, 노루, 말, 멧돼지, 염소, 원숭이…… 수많은 동물들이 식물을 먹고살아요. 식물들은 도망칠 수 없으니 참 좋은 먹이지요.

아기 토끼는 코를 싸쥐고 펄쩍 뛰었어요. 코가 탱탱 부어 올랐어요. 얼마나 아픈지 코가 활활 타는 것 같았지요. 쐐기풀 속에는 무시무시한 독이 들어 있었거든요.

하지만 식물들도 당하고 있지만은 않습니다.

어떤 식물들은 속임수를 쓰지요. 사막에 사는 자갈풀은 돌멩이와 꼭 닮았고요, 신경초는 건드리면 죽은 척해요.

무기를 만드는 용감한 식물도 있어요. 소중한 잎이나 가지를 조금 희생해서 뾰족한 가시나 침을 만드는 거지요. 가장 무시무시한 가시를 갖고 있는 식물은 정글에 사는 야자나무예요. 30센티미터나 되는 엄청난 가시가 숭숭 나 있거든요.

가시가 많기로는 선인장을 따라올 식물이 없어요. 선인장은 모든 잎을 가시로 바꾸어 버렸어요!

속임수를 써도 안 되고 가시나 침도 소용 없으면 식물은 무서운 독을 만듭니다.

쐐기풀의 잎과 줄기에는 뾰족한 털이 잔뜩 나 있는데, 털 하나하나가 다 독침이에요. 그래서 교육을 잘 받은 토끼라면 절대로 쐐기풀을 건드리지 않아요! 쐐기풀을 먹으려고 얼굴을 갖다 대는 순간 코가 독침에 찔리고 말아요. 토끼의 코는 아주 예민해서 고통도 몇 배로 큽니다. 하지만 작은 애벌레들은 독침을 요리조리 피해다니면서 잎을 갉아먹지요.

독은 아니지만 독만큼 무서운 호르몬을 만드는 식물도 있어요.

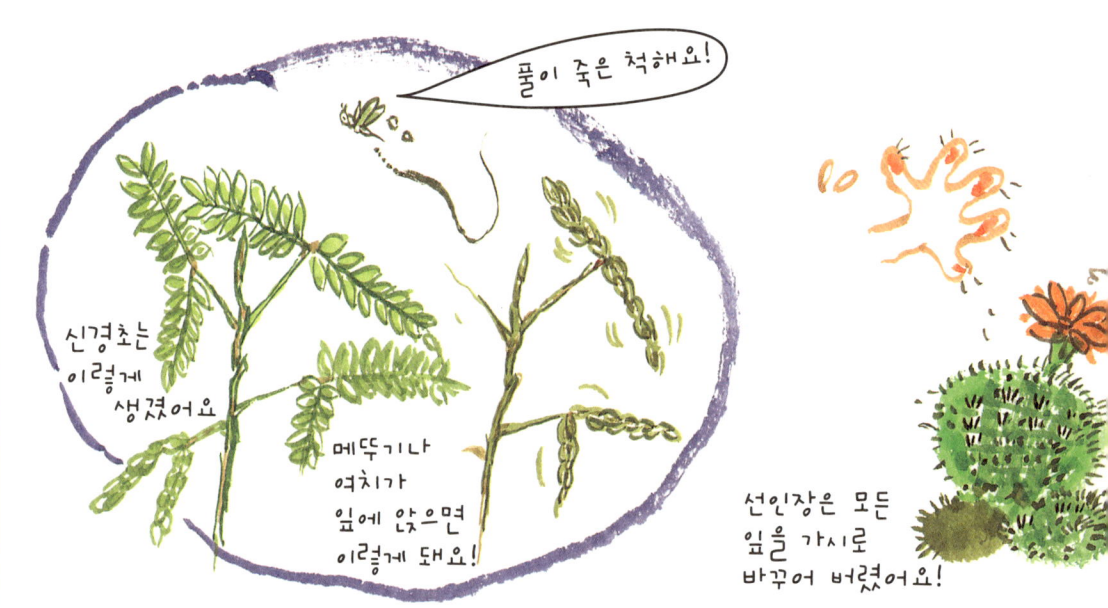

신경초는 손가락을 대면 깜짝 놀라서 벌벌 떨어요. 그리고 죽은 척한답니다.

쉽싸리는 잎사귀에 애벌레의 몸속에서 나오는 호르몬과 비슷한 물질을 만들어요. 애벌레들이 쉽싸리를 먹으면 나비가 될 때 머리가 두 개 생겨서 죽게 되지요.

독이나 무서운 화학물질을 만드는 식물들은 아주 많이 있어요. 후추나 계피, 박하, 겨자, 카페인도 사실은 식물들이 애벌레를 퇴치하기 위해 만든 독이에요. 있는 자리에서 도망가지 못하는 식물들에게 독은 적을 무찌르는 최고의 무기예요.

코끼리 똥 밭에 떨어진 씨앗

둥둥둥! 초원에 코끼리 떼가 나타났어요.

코끼리 떼가 휩쓸고 지나가자 근처의 아카시아 나무는 아주 보기 흉하게 되어 버렸어요. 껍질이 벗겨지고 잎과 가지가 뜯겨 나가고 기둥이 쓰러지고, 소중한 씨앗까지 먹혀 버렸지요.

하지만 이때부터 씨앗의 여행이 시작됩니다.

씨앗들은 나뭇가지와 함께 코끼리 뱃속으로 떨어졌어요.

나뭇가지와 잎들은 코끼리 뱃속에서 꿀럭꿀럭거리며 소화되지만 씨앗은 무사해요! 씨앗은 단단한 껍질로 싸여 있어서, 지독하고 무서운 소화액의 공격에도, 코끼리 뱃속에 살고 있는 세균들의 공격에도 끄덕없어요.

코끼리가 새로운 풀밭을 찾아서 옮겨 다니는 바람에 씨앗들은

끄응! 코끼리가 아랫배에 힘을 주자
씨앗은 똥더미와 함께 코끼리
몸 밖으로 퉁겨져 나왔어요.

아카시아 나무가 있던 곳에서 아주 멀리
떨어졌어요. 그동안 씨앗은 꼬불꼬불 창자를 지나
드디어 마지막 출구에 이르렀지요.
끄응! 코끼리가 아랫배에 힘을 주자 씨앗은 똥더미와
함께 코끼리 몸 밖으로 퉁겨져 나왔어요.
씨앗이 떨어진 곳은 아주 기름진 땅이었어요. 사방이
코끼리 똥 밭이니 오죽 영양분이 많겠어요?
이제야 말이지만, 코끼리 뱃속에 들어간
덕분에 씨앗은 오히려 더 건강해졌지요.
씨앗에 붙어 있던 애벌레들이
소화액에 깨끗이 녹아 버렸거든요.

이제 비가 흠뻑 오고 나면 씨앗은 싹을 틔울 거예요. 그리고 무럭무럭 자라겠지요. 새싹이 점점 자라 아카시아 나무가 되면 다시 코끼리가 먹으러 올 테고요. 아무려면 어때요? 씨앗들은 코끼리 뱃속을 지날 테고, 그중 몇 개는 코끼리 똥을 거름 삼아 예쁜 싹을 틔울 텐데요. 이렇게 엄마 아카시아 나무는 죽지만, 살아 남은 씨앗들이 또다시 다음 세대를 이어가지요.

식물들은 늘 빼앗기고 먹히는 것처럼 보이지만, 알고 보면 동물들을 멋지게 이용하고 있어요. 한 곳에 뿌리내리고 움직이지

못하는 식물은 씨앗을 퍼뜨릴 때 동물들을 이용하지요.

식물은 자기 씨앗을 되도록 멀리 퍼뜨리고 싶어해요. 새싹이 엄마 나무 바로 곁에 피어나면 큰일이거든요. 아무리 마음 좋은 엄마 나무라도, 새싹을 위해 햇빛과 물을 포기하지는 않습니다. 어떻게 해서라도 햇빛과 물을 먼저 차지해 버리지요. 엄마 나무가 새싹을 위해 할 수 있는 일은 씨앗을 될 수 있는 대로 멀리 퍼뜨리는 거예요. 동물들은 항상 돌아다니니까, 씨앗 배달꾼으로 딱 좋습니다.

씨앗들은 여우나 사자, 토끼의 털에 달라붙어 엄마 풀을 떠나지요. 동물에게 먹혀서 똥과 함께 땅으로 떨어지기도 해요. 아카시아 씨앗처럼 말이에요.

식물들이 달콤한 열매를

식물은 바람을 이용해서 씨앗을 멀리 날려 보내기도 하고, 바다나 강물에 씨앗을 띄워 보내기도 해요.

만드는 것도 다, 동물들을 유혹하기 위해서랍니다. 여러분들처럼 동물들도 사과나 딸기, 포도, 무화과, 복숭아를 좋아하거든요. 새나 짐승들이 열매를 먹다가 자기도 모르게 씨를 삼키면, 씨는 뱃속을 지나 엄마 나무에서 멀리 떨어진 곳에 가서 똥과 함께 세상으로 다시 나온답니다. 똥은 아주 좋은 거름이 되어서 씨앗을 잘 자라게 해 주지요.

꽃가루를 퍼뜨릴 때도 식물들은 동물들을 이용해요. 꽃가루도 씨앗처럼 발이 없잖아요. 가장 훌륭한 꽃가루 배달꾼들은 벌과 나비 같은 곤충들이에요.

진달래가 꿀벌에게
보내는 편지

안녕? 꿀벌아.

드디어 봄이야! 봄이 와서 나는 요즘 날마다 웃음이 나와. 너도 그러니?

나는 요즘 정말 예뻐졌단다.

드디어 꽃을 피웠거든. 어서 네게 보여주고 싶어.

너 주려고 맛있는 꿀도 많이 만들었어.

얼른 와서 꿀도 먹고

이웃 동네 진달래에게 꽃가루도 배달해 주렴.

멀리서도 나를 쉽게 찾을 수 있을 거야.

나한테서 좋은 냄새가 나고,

예쁜 분홍꽃도 잔뜩 피웠으니 말이야.

사람들이 꺾어 가기 전에

네가 빨리 왔으면 좋겠다.

이만 총총.

진달래가

식물의 가장 큰 적은 식물이에요

잎과 줄기와 씨앗을 뜯어먹는 동물들이 아무리 무서워도, 알고 보면 식물의 가장 큰 적은 식물이랍니다. 식물에게 가장 무서운 경쟁 상대는 바로 곁에 있는 식물이에요.

식물은 햇빛을 더 많이 차지하려고 다투지요. 어디에나 널린 햇빛을 놓고 다투다니, 미련하다고요? 그렇지 않아요. 동물들은 움직일 수 있기 때문에 햇빛이 필요하면 양지로 나가면 될 일이지요. 하지만 한번 뿌리를 내리면 움직이지 못하는 식물들은 달라요. 햇빛을 받고 못 받고는 죽느냐 사느냐 하는 문제예요.

우리 옛말에 "거목 밑에 잔솔 못 큰다."

라는 말이 있지요. 옛날 사람들도 소나무 같은 큰 나무 아래에선 작은 식물들이 잘 자라지 못한다는 것을 알았던 모양이에요. 큰 소나무들은 자기 곁에 다른 식물이 싹트지 못하도록 뿌리로 독한 화학물질을 내보냅니다. 그래서 소나무를 베고 나면 새싹들이 새 세상을 만난 듯 여기저기 솟아나지요.

식물은 잎이 햇빛을 잘 볼 수 있도록 줄기를 높이높이 올려요. 보통은 스스로 줄기를 뻗어 올리지만 남의 도움이 없으면 뻗어 가지 못하는 식물도 있어요. 이런 식물을

덩굴식물이라고 해요.

포도나무, 완두콩, 강낭콩, 나팔꽃, 메꽃, 담쟁이덩굴, 호박이나 오이가 바로 덩굴식물이에요. 덩굴식물은 염치불구하고 다른 나무에 기대거나 감싸서 줄기를 뻗어 올리지요.

완두콩이나 포도나무는 덩굴손을 만들어서 다른 나무를 타고 올라가고, 강낭콩과 나팔꽃은 다른 나무를 줄기로 칭칭 감아서 올라가요.

아주 교활한 덩굴식물도 있어요. 다른 나무의 새순에 매달려 그 나무가 자라면 같이 높이 올라가는 거지요. 자기는 조금도 힘들이지 않고 말이에요. 열대의 큰 나무들은 이런 덩굴식물들을 짐처럼 지고 있답니다. 하지만 진짜 무서운 덩굴식물은 따로 있어요. 도움을 준 나무를 꽁꽁 조이고, 햇빛을 독차지해서 말려 죽이는! 바로 교살무화과나무이지요.

뽕나무를 죽여라!

자랑스럽게 뿌리를 뻗고 있는 아름드리 뽕나무가 있었어요. 줄기는 든든한 기둥 같고 높이는 10미터나 되었지요. 그 바로 옆에 키도 작고 줄기도 볼품없는 무화과나무가 있었어요. 두 나무는 같은 해에 싹이 텄어요. 뽕나무는 쑥쑥 자랐어요.

무화과나무의 가지는 서로 뒤엉켜서 뽕나무를 칭칭 에워싸기 시작했어요.

그런데 어쩐 일인지 무화과나무는 빈둥거리며 지낼 뿐, 도통 자라지 않는 것이었어요.

어느 해 무화과나무는 자기의 키 큰 친구에게 말했어요. 자기도 햇빛을 쬐어야겠으니 조금만 도와 달라고 말이에요.

"하지만 어떻게 너를 도울 수 있니?"

"쉬워. 그저 네 몸에 내 가지를 걸치게만 해 주면 돼."

"뭐, 그 정도쯤이야."

뽕나무는 친구를 돕는 것이 마땅하다고 생각했지요.

무화과나무는 가지 하나를 아름드리 나무의 기둥에 턱 올려놓았어요. 거기까지는 좋았어요. 그 다음에 무화과나무는

다른 가지도 슬쩍 올려놓았지요. 뭐, 거기까지도 나쁘지는 않았어요.

그런데 무화과나무는 매일매일 조금씩, 천연덕스럽게 자기의 가지를 전부 뽕나무로 이사시키는 것이 아니겠어요?

곧 무화과나무의 가지는 서로 뒤엉켜서 뽕나무를 칭칭 에워싸기 시작했어요.

무화과나무는 가지에서 새로운 뿌리를 점점 땅으로 내렸어요. 땅에 뿌리가 닿자마자 무화과나무는 거짓말처럼 빠르게 자라기 시작했어요. 줄기가 뽕나무를 칭칭 감으면서 자라고 잎들은 뽕나무 꼭대기까지 뒤덮고 햇빛을 차지했어요. 뿌리도 뽕나무의 뿌리를 뒤덮고 땅속의 물과 양분을 족족 빼앗아 왔어요.

뽕나무는 신음을 하면서 죽어 가기 시작했어요.

하지만 무화과나무는 선심을 베풀어 준 친구를 거들떠보지도 않았어요. 이제야 얘기지만 그 무화과나무는 무화과나무 중에서도 독종이라고 알려진 교살무화과나무였어요.

이듬해 햇빛과 물을 먹지 못한 뽕나무는 말라 죽고 말았어요.

식물은 최고의 건축가예요

한 그루 나무에 달린 잎들끼리도 햇빛을 받고 못 받고는 죽느냐 사느냐의 문제랍니다. 하지만 한 나무에 달린 잎들끼리 싸운다면 그 나무로서는 큰 손해지요. 그래서 나무는 잎들이 서로서로 햇빛을 나누어 가질 수 있도록 지혜를 짜냅니다.

맨 처음 잎이 나면 다음 잎은 그 위에 약간 비껴서 자리를 잡아요. 그 다음 잎은 또 그 위에 약간 비껴서 자리를 잡고, 이런 식으로 잎들은 서로 겹치지 않도록 가지 둘레를 돌며 올라가요.

그러다 보면 여섯 번째 잎쯤에서는 맨 처음 잎 바로 위쪽에 자리를 잡게 되지만 서로 멀리 떨어져 있어서 아무 문제가 없어요.

식물마다 잎의 배열이 약간씩 다르지만 햇빛을 가려 버리지 않도록 배려하는 것은 똑같아요.

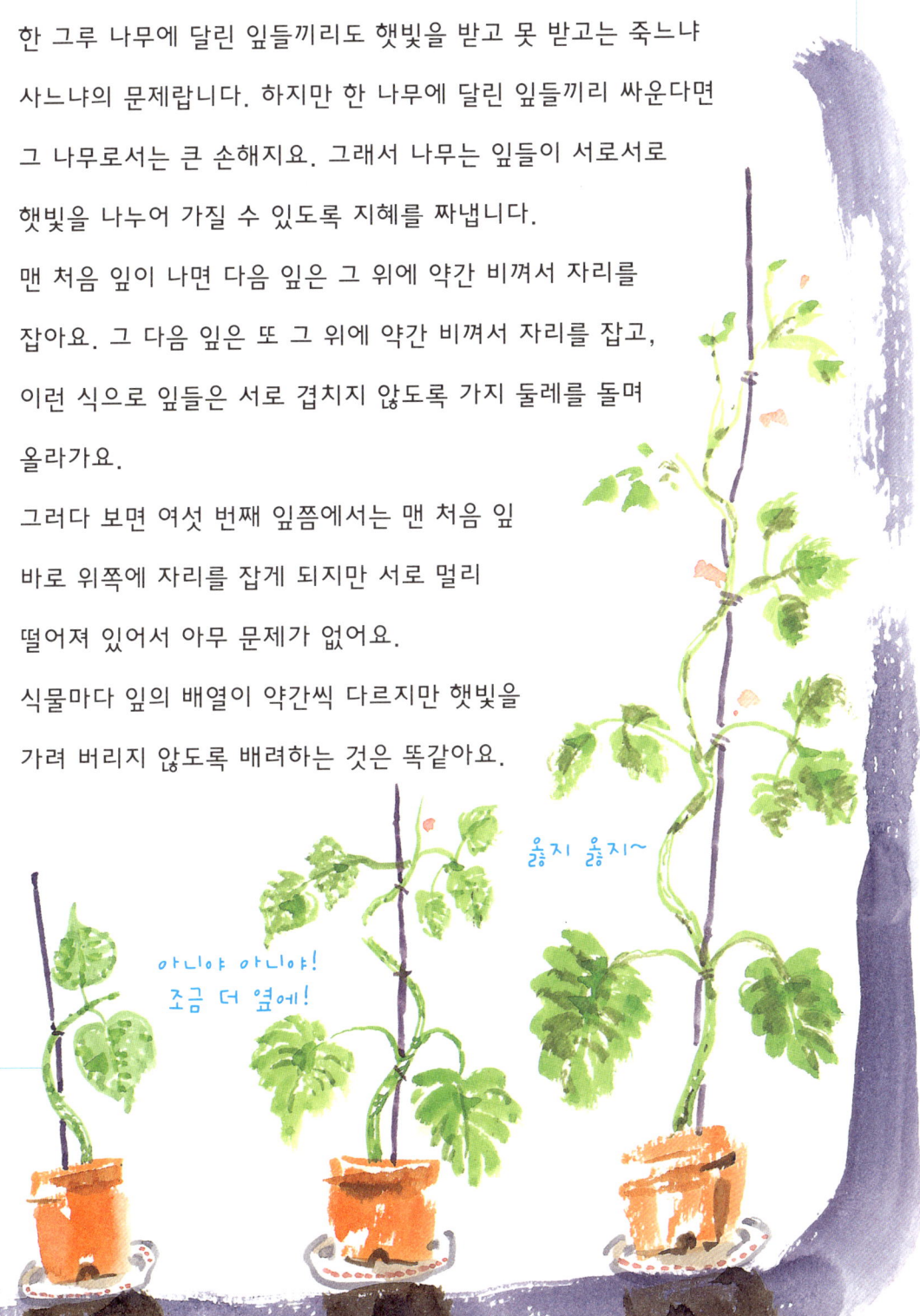

옳지 옳지~

아니야 아니야! 조금 더 옆에!

알을 지켜라!

식물도 동물도 살아남기 위해 별의별 방법을 다 쓰지요. 지혜와 재주와 무기와 간사한 속임수까지! 그래도 세상은 결코 호락호락하지 않아요. 아무리 뛰어난 재주와 무기가 있어도 식물은 언제나 다른 동물들에게 뜯어 먹히고, 동물도 언제나 다른 동물들에게 잡아먹히니 말이에요. 게다가 알 도둑 씨앗 도둑들까지 득실대지요.
좋은 방법이 없을까요?

어느 날 파리 자매들이 죽은 두더지의 몸속에 알을 낳으러 왔어요.
파리 자매들은 '고기가 적당히 썩었나?' 맛도 보고 냄새도

맡더니 흡족해서 윙윙거렸어요.

파리 자매들은 두더지 속에 자리를 잡고 꽁무니로 하얀 알을 쏙쏙 낳았어요. 알 위에 또 알을 낳고, 알 위에 또 알을 낳고…….

열심히 알을 낳고 있을 때였어요.

갑자기 도둑놈들이 나타났어요! 그들은 파리 주위에서 서성거리고 있던 개미들이었어요.

개미들은 파리가 방금 낳은 따끈따끈한 알을 천연덕스럽게 물어 갔어요. '이런 날도둑놈을 보았나!' 하고 화를 낼 법도 한데, 파리 자매들은 무심하게 계속 계속 알을 낳는 것이었어요.

어떻게 된 일이냐고요? 사실 파리는 알을 많이 낳느라 너무 바빠서, 개미를 쫓아 버릴 시간도 없었던 거예요.

파리는 알을 아주 많이 낳아요. 자꾸자꾸 먹히니까 자손을 많이 많이 퍼뜨리는 것이지요. 수많은 곤충들과 개구리와 두꺼비,

알들이 모두 무사히 자라면 큰일나요!

알에서 깨어난 구더기는 15일만에 파리가 되고 또 수백 개의 알을 낳아요. 그 알이 모두 파리가 되면 파리 한 마리의 자손들이 여름 한철 동안 지구 전체를 5층 빌딩 높이로 덮게 돼요. 다행히 알들은 거의 잡아먹혀서, 수백 개의 알들 중에 파리가 되는 것은 겨우 한두 개뿐이에요.

물고기들 그리고 알 대신 씨앗을 퍼뜨리는 식물들이 이 방법을 씁니다.

파리는 천 개나 되는 알을 낳고, 두꺼비는 2만 개의 알을 낳고, 참개구리는 천 개, 꿀벌은 30만 개, 대구는 200만 개의 알을 낳지요. 참나무는 한 해에 5만 개의 씨앗을 퍼뜨려요. 흰개미 여왕은 알낳기 챔피언이에요. 무려 천만 개의 알을 낳아요! 파리나 나비, 딱정벌레와 물고기들은 알들을 보살피지 못하기 때문에 많이 낳아요. 식물들도 자기 씨앗을 보살필 수 없기 때문에 씨앗을 많이 퍼뜨리지요.

하지만 악어나 새처럼 알을 적게 낳는 동물도 있어요. 알을 적게 낳는 동물은 알을 잘 보살펴야만 해요.

새들은 알을 아주 소중하게 보호해요. 날이 추우면 알이 죽기 때문에 새들은 알이 항상 따뜻하도록 품어 줍니다. 그리고 둥지를 정성껏 만들어 새끼들이 안전하게 자라게 하지요.
알 대신 새끼를 낳는 동물들은 새끼를 더 소중히 보호해요. 뱃속의 자궁에서 새끼를 키우고 낳아서는 젖을 먹여 키우지요. 이런 동물을 **포유동물**이라고 합니다. 사자, 호랑이, 소, 말, 돼지, 원숭이, 코끼리, 고래, 여우, 토끼, 다람쥐, 쥐는 모두 포유동물이에요. 그리고 사람도 포유동물이지요.
포유동물의 새끼는 알 대신 엄마 뱃속의 자궁 안에서 자랍니다. 자궁 속에는 따뜻한 물이 가득 들어 있어서 새끼는 편안하게 커 갑니다.
새끼는 탯줄로 엄마의 자궁과 이어져 있어요. 엄마 몸속의 산소와 영양분은 모두 탯줄을 통해 들어오지요.
포유동물은 새끼를 낳은 다음에도 혼자서 살아갈 수 있을 때까지 소중하게 지켜 줍니다. 엄마는 먹이 고르기, 사냥하기, 집짓기, 겨울나기, 무서운 동물들을 피하는 법들을 새끼에게 가르쳐서 똑똑하게 키워요.

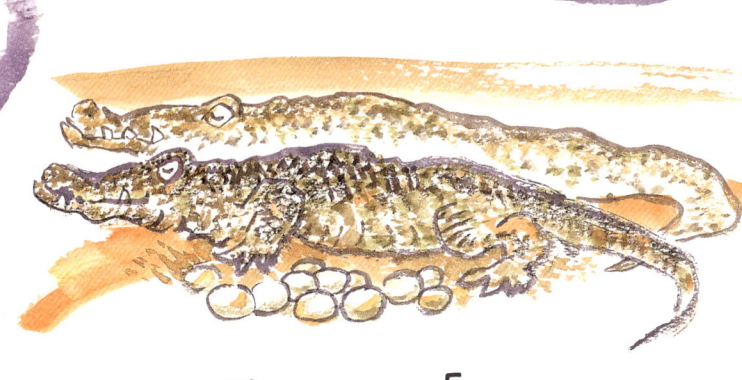

아이고, 예쁜 내 새끼들……

악어는 선선한 곳에 구멍을 파고 40개의 알을 낳아요. 그리고 알들이 잘 있는지 살피고, 둥지가 너무 뜨거워지면 둥지가 식으라고 시원한 오줌을 누지요. 그렇게 3개월 동안 둥지를 지키는데, 그동안은 아무것도 먹지 않아요. 알이 깨어날 때가 되면 엄마 악어는 얼른 달려가요. 알을 덮고 있는 모래를 파헤치고 새끼들을 입에 주워 담지요. 그리고 특별히 골라 둔 연못에 새끼들을 쏟아 놓아요. 엄마 아빠 악어는 물속에 누워 망을 보면서 두 달 동안 새끼 악어들을 보살펴요.

옛날 옛적,
아주 조그만 생물들이 물려 준 비밀

이제 살아남기 최고의 전략을 알려 드릴게요.
경쟁하고 속이는 것보다 훨씬 슬기로우면서 세상에서 가장
오래되고, 생태계가 사라지지 않는 한
앞으로도 영원히 계속될 방법이에요.
살아남기 최고의 전략은 바로 서로
돕고 힘을 합쳐 사는 것입니다.
이 지혜로운 방법을 맨 처음 익힌 건, 눈에
보이지도 않는 아주 조그만 생물들이었어요.
까마득히 먼 옛날, 이 세상에는 눈에 보이지 않는 아주 조그만
생물들만 바닷속에 둥둥 떠다니고 있었지요. 맨 처음에는 모두
제각각 따로따로 살았어요. 그런데 어느 날, 조그만 생물들

몇몇에게 놀라운 일이 일어났어요. 서로서로 잡아먹는 대신, 여럿이 모이고 뭉쳐서 서로 도우며 살게 된 것이었지요.
서로 도우며 살게 되자, 그렇지 않았을 때보다 훨씬 더 많은 일을 할 수 있게 되었어요. 더 커지고, 더 빨리 움직이고, 힘도 훨씬 막강해졌어요. 이 생물들은 나중에 바다 벌레나 해파리로 진화했고, 그 후로도 계속 계속 진화해 갔어요.

까마득히 먼 옛날, 모두 제각각 따로따로 살았던 조그만 생물들 몇몇에게 놀라운 일이 일어났어요. 서로서로 잡아먹는 대신, 여럿이 모이고 뭉쳐서 서로 도우며 살게 된 것이지요.

서로 돕고 사는 일은 지금 우리 몸속에서도 일어나고 있습니다. 우리 몸은 조그만 세포들로 이루어져 있어요. 그런데 우리 몸속에 있는 조그만 세포들이 서로서로 돕고 살기 때문에 우리들은 생각도 하고, 밥도 먹고, 걸어다니고, 숨도 쉴 수 있는 거예요. 우리의 뱃속에 있는 세포와 심장에 있는 세포와 머리에 있는 세포와 발에 있는 세포가 서로서로 돕지 않는다면, 우리는

꽃은 곤충에게 맛있는 꿀을 나눠 주고 곤충은 꽃가루를 멀리 퍼뜨려 주지요.

악어새는 악어의 이빨에 껴 있는 찌꺼기를 먹고 덕분에 악어의 입 안은 깨끗해집니다.

개미들은 진디나 버섯, 나무들을 보호해 주고 대신 영양분을 얻습니다.

산호 왕국에는 틈새가 많아서 작은 바다 생물들에게 좋은 은신처가 됩니다.

그날로 죽고 말아요.

생물의 세계는 온통 살아남기 전쟁판처럼 보이지만, 사실은 돕고 사는 일이 훨씬 더 많답니다. 수많은 생물들이 서로 할 일을 나눠 하고, 친구들을 지켜 주고, 같이 새끼들을 키우고, 먹이를 나눠 먹어요.

같은 친구나 식구끼리 도와주기도 하지만 서로 다른 종족끼리 돕고 살기도 하지요. 이렇게 서로 돕고 사는 것을 **공생**이라고 부릅니다. 개미들의 제국, 산호의 나라, 나무와 곰팡이, 꽃과 곤충, 수많은 동물들과 그 뱃속의 박테리아들, 바다의 무법자들과 조그만 청소부 물고기, 악어와 악어새는 모두들 공생의 대가들이지요.

협동 일등 공화국, 산호 나라의 비밀

따뜻한 남쪽 바다에 산호 왕국이 있었어요.

산호 왕국은 까마득히 먼 옛날 시작되었어요. 얼마나 오래 전이었느냐면, 원시인보다, 고래보다, 공룡보다 더 오래 전에 지구에 살기 시작했어요. 오랜 세월이 흐르는 동안 산호 왕국은 그 자리에 변함없이 번성하고 있었지요.

뱃사람들이 이따금 산호 나라에서 산호 가지를 훔쳐 오곤 했는데 사람들은 이것이 무엇인지 알 수 없었어요. 다만 그것으로 예쁜 산호 목걸이를 만들어서 귀부인들에게 바쳤대요.

먼 훗날 과학자들이 마침내 산호의 비밀을 알아냈어요. 알고 보니 산호는 바다에 사는 동물이었어요. 뱃사람들이 훔쳐온 산호 가지는 사실은 산호의 집이었고요. 나뭇가지처럼 생긴 집 속에 조그만 구멍이 수도 없이 송송 나 있고 그 속에 산호충이 살고 있었어요.

산호충은 8개의 흐물흐물한 팔로 아주 작은 먹이를 잡아먹지요.

이제 그 조그만 동물들의 신기한
이야기를 들려 드리지요.
산호충은 사냥을 해서 먹고 살아요.
8개의 흐물흐물한 팔이 달려 있어서
그것으로 아주 작은 먹이를 잡지요.
산호충은 각자 사냥을 하지만 먹이는 똑같이 나눠 먹어요.
재수가 좋은 날은 먹이를 많이 잡지만 재수가 나쁜 날은 하나도
못 잡을 때가 있지 않겠어요? 바로 그때, 먹이를 많이 잡은
산호충은 자기 배만 채우지 않아요. 산호충이 살고 있는 구멍
속으로 조그만 길이 나 있어서, 그리로 먹이를 나누어 줍니다.

그래서 사냥을 끝내고 잠자리에 들 때면 모두 똑같이 배가 부르지요.

서로 돕는 일은 여기서 끝나지 않아요.

산호충은 농사도 지어요. 농부들과 다른 점은 산호충은 흙이 아니라 자기 몸속에 녹색 식물을 키운다는 거예요!

산호충이 아주 작으니까, 산호충의 몸속에 있는 식물은 훨씬 더 작겠지요? 바로 조류라고 하는 바다 식물이에요. 조류는 육지 식물처럼 광합성으로 영양분을 만들어요. 조류는 영양분을 많이 만들어서 산호충에게 나눠 주어요. 그럼 조류만 손해잖아요? 그렇지 않아요. 산호충은 공짜로 영양분을 받는 대신 다른 동물들한테서 조류를 지켜 주고, 똥을 누어서 조류가 사는 데 필요한 거름을 만들어 주지요.

어른들은 어린이들에게 서로서로 도우라고 가르치고, 서로 도우면 상도 주지요. 그렇게 아이들은 서로 돕는 것을 배워요. 하지만 동물과 식물들은 부모에게서 배우지도 않았고, 아무도 가르쳐 주지 않아요. 그런데도 실천은 우리들보다 훨씬 잘한답니다.

이렇게 협동해서 사는 생물들은 훨씬 더 잘 살아남고, 더 오랫동안 지구에 살아왔어요. 물론 지금도 번성하고 있지요.

서로서로 돕고, 함께 살아요

소라게는 비어 있는 고둥 껍데기에 들어가 살아요. 그런데 고둥 껍데기에는 말미잘도 와서 살지요. 소라게가 점점 자라 집이 좁아지면 이사를 가는데, 이때 말미잘도 떼어서 함께 가요. 말미잘은 옮겨 다니지 못하기 때문에 소라게가 발이 되어 주고, 소라게는 독침이 있는 말미잘 덕분에 몸을 지킬 수 있어요.

악어새는 조금도 무서워하지 않고 악어 입속에 태연히 들어간답니다. 악어새는 악어 이빨에 낀 찌꺼기들을 먹고, 악어는 덕분에 이빨을 깨끗이 청소하지요.

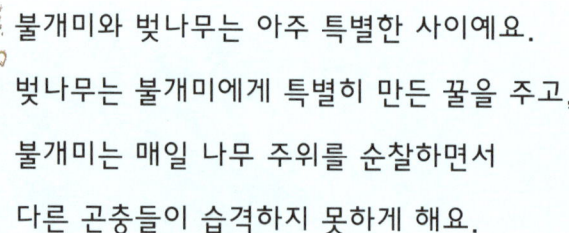

불개미와 벚나무는 아주 특별한 사이예요. 벚나무는 불개미에게 특별히 만든 꿀을 주고, 불개미는 매일 나무 주위를 순찰하면서 다른 곤충들이 습격하지 못하게 해요.

흡혈박쥐는 사흘 안에 신선한 피를 먹지 못하면 굶어 죽어요. 그래서 흡혈박쥐는 자기가 먹은 피를 토해 내어 배고픈 친구에게 나눠 줘요.

나무는 뿌리로 맛있는 물을 내보내서 곰팡이들에게 주고, 곰팡이는 나무에게 필요한 영양분을 땅속에서 빨아들여 나무에게 주어요. 이따금 나무 뿌리에 하얗고 가느다란 실 같은 것이 잔뜩 붙어 있는 걸 볼 수 있어요. 바로 나무의 친구 곰팡이랍니다.

늑대가 필요한 이유

맞아요! 서로 도우면 훨씬 더 잘 살아남을 수 있어요.
정말 맞는 말이에요. 이것은 누구나 이해할 수 있는 생태계의
법칙이지요.
그런데 생태계에는 아주 이상한 법칙도 있어요.
잡아먹는 동물들이 사라지면 세상은 더 평화롭게 되지 않을까요?
사자나 호랑이, 표범, 늑대나 상어 같은 동물들에게는 정말 안된
일이지만, 무서운 동물들이 모두 사라져 준다면 모든 동물들이
안심하고 살 수 있을 텐데 말이에요.
그런데 정말 그런 일이 있었어요.
지금으로부터 그리 오래 되지 않은 옛날, 숲에 사슴과 늑대들이
살고 있었어요. 물론 늑대들은 사슴을 잡아먹으면서 살고

있었지요. 늘 가슴을 졸이며 도망다녀야 하는 사슴들은 몹시 억울했어요.

"이보다 더 불공평한 일이 어디 있냐고!"

늘 잡아먹히는 사슴들은 늑대들이 몽땅 사라져 주기를 바랐을지도 몰라요. 늑대만 골라 죽이는 천둥 벼락 도깨비 어디 없나 하고요.

그래서 말인데요. 늘 잡아먹히는 사슴들의 처량한 마음을 아는 듯, 숲에 의협심 많은 포수들이 나타났던 거예요.

의협심에 불타는 포수들은 사슴을 잡아먹는 늑대의 씨를 모조리 말려 버리기로 작정했어요. 사실 포수들이 의협심에 불탔다는 건 허풍이고, 늑대가 그들의 재산인 소나 양들도 잡아먹었기 때문에

총을 들고 나선 거지요. 어쨌거나 사슴들에게는
그보다 더 잘된 일이 어디 있겠어요?
포수들은 늑대를 찾아 숲을 뒤지고 다니면서
모조리 총을 쏘아 죽였어요. 10년이 지나자
숲에는 늑대의 그림자도 볼 수 없게 되었어요.
(그 포수가 얼마나 빼기고 다녔는지 여러분도
보았어야 했는데!)
그리하여 사람들은 몹시 유쾌했답니다.
숲에 평화를 가져왔으니 이보다 더
뿌듯한 일이 어디 있겠느냐면서 말이에요.
그런데 정말 숲은 사슴들의 세상이 되었을까요?
천만의 말씀! 만만의 콩떡! 결코 그렇지 않았어요.
늑대가 사라지자 대번에 사슴들의 숫자가 늘어났어요. 하지만
바로 그게 문제였던 거예요. 사슴이 너무 많아지자 숲의 풀들이
모조리 뜯어 먹혀 버렸어요. 풀이 사라지자 사슴들은 굶어 죽기
시작했지요.

일은 거기서 끝나지 않았어요. 숲에 사슴들이 들끓게 되자 무서운 전염병이 돌았어요. 사슴들은 픽픽 쓰러져서 다시는 일어나지 못했어요.

아, 사람들은 하나만 알고 둘은 몰랐어요! 늑대는 거의 언제나 병들고 약한 사슴들만 잡아먹었던 거예요. 물론 병들고 약한 사슴들이 더 맛이 좋아서 잡아먹은 것은 결코 아니예요. 힘이

늑대가 사라지자 대번에 사슴들의 숫자가 늘었어요. 사슴이 너무 많아지자 숲의 풀들이 모조리 뜯어 먹혀 버렸지요. 풀이 사라지자 사슴들은 굶어 죽기 시작했어요.

늑대가 사라진 세상에서는 사슴들도 평화롭게 살 수 없었답니다.
사슴들의 가장 미운 적이 사실은 사슴들에게 도움이 되고 있었다니!

없고 빨리 달리지 못하니 늑대의 먹이가 되었던 거지요. 늑대가 사라진 세상에서는 사슴들도 평화롭게 살 수 없었어요. 사슴들의 가장 미운 적이 사실은 사슴들에게 도움이 되고 있었다니! 하지만 이것이야말로 생태계의 놀라운 비밀 중에 하나예요.

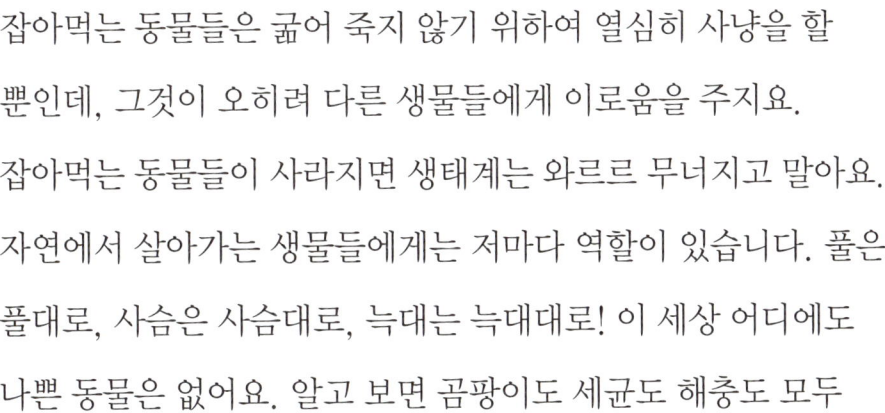

잡아먹는 동물들은 굶어 죽지 않기 위하여 열심히 사냥을 할 뿐인데, 그것이 오히려 다른 생물들에게 이로움을 주지요. 잡아먹는 동물들이 사라지면 생태계는 와르르 무너지고 말아요. 자연에서 살아가는 생물들에게는 저마다 역할이 있습니다. 풀은 풀대로, 사슴은 사슴대로, 늑대는 늑대대로! 이 세상 어디에도 나쁜 동물은 없어요. 알고 보면 곰팡이도 세균도 해충도 모두 자연의 식구예요. 천만 종의 생물들 중에 소중하지 않은 생물은 하나도 없어요.

생태계는 서로서로 다른 수백만 가지 생물들이 힘을 합쳐서 쿵덕쿵덕 굴리는 물레방아 같아요. 모든 생물은 꼬리에 꼬리를 물고 먹고 먹히면서, 서로를 먹여 살리고 생태계를 조화롭게 만들고 있지요. 자기들이 생태계를 조화롭게 만들고 있다는 사실은 꿈에도 모르는 채 말이에요.

이 세상 어디에도 나쁜 동물은 없어요.
알고 보면 곰팡이도 세균도 해충도 모두 자연의 식구이지요.

이제 이야기가 끝이 났어요, 하지만……

여러분은 방금 생태계 이야기를 읽었고, 아마도 잘 이해했을 거예요. 그렇다고 해도 막상 생태계를 설명해 보라고 하면 쉽지 않지요. (사실은 이 책을 쓴 아줌마도 누가 생태계를 설명해 보시오 하면 더듬거릴지 몰라요) 생태계는 우리가 살고 있는 자연이라고 바꾸어 말할 수 있어요. 그런데 그 자연은 가만히 있는 그림 같은 것이 아니라, 나무와 풀, 동물과 수많은 미생물들 그리고 흙과 공기와 물, 모든 것들이 서로 영향을 주고받으면서 변화하는 그런 자연이지요.

모든 것이 서로 영향을 주고받기 때문에 자연에는 독불장군이 없어요. 혼자서만 잘살 수 있는 생물은 하나도 없다는 얘기예요. 왜일까요? 모든 생물은 다른 생물을 먹어야만 살 수 있기 때문이에요. 식물은 동물의 밥이 되고, 동물은 박테리아와 곰팡이의 밥이 되고, 박테리아와 곰팡이가 먹고 분해한 것은 다시 식물의 밥이 되지요. 그러니 누가 가장 힘이 셀까요?

풀보다 토끼가 세고, 토끼보다 사자가 세고, 사자보다 곰팡이가 센 것 같지만 돌고 도는 생태계의 수레바퀴 속에서는 모두가 먹고 먹히는 똑같은 신분이지요.

먹고 먹히는 일이 꼬리에 꼬리를 물고 이어져서 생태계는 끊어지지 않고 돌고 또 돌아요. 얼마나 오랫동안 돌고 돌았느냐면, 자그마치 36억 년 동안이에요! 36억 년 전에 지구에 생명이 탄생한 순간부터 지금까지죠. 다양하고 다양한 생물들의 삶이 한데 어우러져 까마득히 오랜 시간 동안 지구 생태계가 멈추지 않고 조화롭게 유지되어 왔어요.

하지만 그동안 생명의 역사가 탄탄대로였던 것만은 아니에요. 때로는 엄청난 위기가 닥쳐서 생태계의 수레바퀴가 덜컥 멈추고 다시는 굴러가지 않을 것 같았던 시기도 있었지요. 거대한 빙하가 녹아 육지를 삼키고, 대륙이 합쳤다가 갈라지고, 심지어 소행성이 충돌하여 버섯구름이 지구를 수백 년 동안 뒤덮기도 했어요. 이런 일들은 지구의 환경을 엄청나게 바꾸어 놓았기 때문에 생물들에게는 몹시 커다란 위기였어요. 그중에 가장 위험했던 시기가 5번 정도 있었는데, 과학자들이 대멸종기라고 부르는 때예요. 수많은 생물들이 한꺼번에 멸종했다고 그렇게 부르지요. 하지만 그때에도 자연은 스스로의 힘으로 되살아났어요. 어려운 환경에 용케

적응할 수 있었던 생물들이 있었던 것이지요. 그 생물들이 비어 버린 생태계의 틈을 메꾸었어요.

대멸종기를 이기고 생태계가 되살아나기까지는 3천만 년이나 걸렸어요. 3천만 년이 얼마나 아득한 시간인지 여러분은 잘 모르겠지요. 인류가 원숭이와 비슷한 모습으로 지구에 탄생한 것이 6백만 년 전이고, 인류가 처음으로 농사를 짓기 시작한 것이 겨우 만 년 전이에요.

그런데 지금 여섯 번째 대멸종이 시작되었어요! 이번에는 소행성이 지구를 덮치지도 않았고 바다가 솟아오르지도 않았어요. 오로지 한 종류의 생물이 너무 많이 불어난 것이 이유였어요. 그들은 숲과 늪을 없애고, 수많은 생물들이 살아갈 자리에 자기들만 먹을 가축과 곡식을 심었어요. 농약과 살충제를 뿌리고, 흙과 공기와 강과 바다를 더럽히고, 수많은 야생동물들을 멸종시켰어요. 바로 인간이에요.

여섯 번째 대멸종이 생태계를 덮친다면 어떻게 될까요? 그래도 생태계는 되살아나겠죠. 3천만 년 후에 말이에요! 그렇다면 모든 것이 돌이킬 수 없을 만큼 늦어버린 것은 아닐까요? 아닐 거예요. 다행히 자연을 되살리려는 어른들과 어린이들이 점점 늘고 있으니까요.

어린이 여러분이 자연에 대해 깊이 알게 되었으면 좋겠어요.

그러면 자연의 섭리가 얼마나 오묘한지 그리고 생태계를 파괴하는 일이 얼마나 나쁜 일인지 저절로 깨닫게 되지요. 이 책처럼 생태계 전체를 다루는 책도 좋지만, 한 가지 생물에 대해서 깊이 있게 가르쳐 주는 책도 꼭 읽어 보라고 말하고 싶어요. 곤충기를 쓴 파브르 아저씨는 개미나 쇠똥구리 속에서도 자연의 위대함을 발견하고 즐거워했답니다.

이제 이야기가 끝났어요. 하지만 나는 이야기가 모두 끝났다고는 말하지 않을래요. 우리가 살아가는 자연을 조그만 책 한 권에 모두 담을 수는 없기 때문이지요. 또 한 가지 이유는 이 책의 이야기가 끝난 후에도 여러분의 생각이 계속 이어지기를 바라기 때문이에요.

참 고 문 헌

Bobbie Kalman & Jacqueline Langille , 《What are Food Chain and Webs?》, Crabtree Publications, 1998

Barbara Shaw Mckinney, 《Pass the Energy, Please!》, Dawn Publications, 1999

이영노, 《한국식물도감》, 교학사, 1996

제임스 러브록, 《가이아》, 김영사, 1995

다가와 히데오, 《생물이 사라진 섬》, 비룡소, 2002

D. 아텐보로, 《식물의 사생활》, 까치, 1995

홍재상, 《한국의 갯벌》, 대원사, 1998

D. 아텐보로, 《생명의 신비》, 학원사, 1985

남상호 외, 《보리 어린이 동물도감》, 보리, 1998

리 듀거킨, 《동물들의 사생활》, 지호, 2002

J. H. 파브르, 《파브르 식물기》, 두레, 1992

에드워드 윌슨, 《생명의 다양성》, 까치, 1995

권오길, 《바다를 건너는 달팽이》, 지성사, 1998

Bobbie Kalman, 《How do Animals Adapt?》, Crabtree Publications, 2000

리처드 리키 & 로저 르윈, 《제6의 멸종》, 세종서적, 1996

교과부, 문광부, 환경부가 우수도서로 인증한

토토 과학상자 시리즈

우리나라 과학 전문 필자가 우리 어린이의 눈높이에 맞춰 쓴 과학책!
생물 지구과학 물리 화학 등 모든 과학 분야의 기본 원리를 친절하게 알려줍니다.

    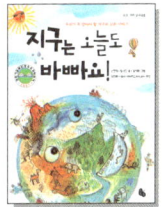 

  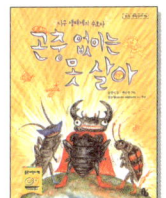   

 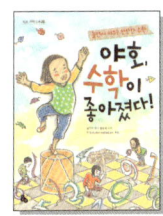    

〈토토 과학상자〉는 24권까지 모두 나왔습니다.
홈페이지 www.totobook.com 에서 과학퀴즈를 풀고 상품을 받으세요.